LEBEN UND FREIHEIT OHNE ZEIT

MEIN ABSCHIEDSBUCH TEIL 3 (ISBN-BUCH 41)

GERD STEINKOENIG

Herstellung und Verlag: BoD – Books on Demand, Norderstedt
ISBN: 9783756839148

Gerd Steinkoenig

10. September um 19:01 ·

Mit Deine Freunde geteilt

Soo! Jetzt hab ich das 40. und letztes Buch überarbeitet! Ich hatte alles gecheckt mit Titel Shine On Your Crazy Diamond! Ging von meinem Verlag nicht wegen Urheberrecht und Pink Floyd. Im Endeffekt ist es aber Blödsinn: mein 1. Buch Blood On The Rooftops war ein Song von Genesis, mein 6. Buch Liebe ist alles war ein Song von Rosenstolz! Da war absolut nix!! Ich hoffe, das mein letztes Buch endlich wieder bei mir ist!!

KEIN TITEL

Mein zweites Abschiedsbuch
als Autor 2017 bis 2022

Gerd Steinkoenig

Gerd Steinkoenig

17. September um 21:22 ·

Mit Deine Freunde, Gerds Freunde und Gerds Freunde geteilt

DER WEG

Fortschritte, Entwicklungen, Erkenntnisse meines Lebens

Ich brauch einen Weg für meine Freiheit und Unabhängigkeit

Es ist mittlerweile egal, welcher Mensch mit mir spricht:

Von Betreuern, Psychologen, Pädagogen, Therapeuten

Sie ziehen einfach Ihren Kram durch nach Lehrbuch

Ich bin nur eine Nummer oder ein Versuchsobjekt

Hatte ich bemerkt vorgestern bei einem Lagerfeuer:

Mit Betreuern blablabla und eine Frau, wo gleich Zoom war

Gleiche Wellenlänge, Erinnerungen, roter Faden

Später wieder eine profimäßige Ausrede

War sie behindert oder eine Betreuerin?

Ich hab es Euch schon 2018 gesagt: nur Verarschung!

Ich brauch DER WEG

Mir geht es gut mit positiven Entwicklungen

Mir geht es gut mit meiner Gesundheit (toi toi toi)

Ich bin bei einem Institut, 2 x die Woche, ist sehr cool

Aber ich bin nicht behindert, hab nur ein Handicap

Und die BetreuerXinnen meinen oft, ich bin behindert

Ich hoffe, das ich mit diesem Insitut DEN WEG finde

Am Besten gehe ich nach Norddeutschland ganz neu

Ich brauch DER WEG

Meine Heimat! Meine Gewohnheit! Aber trotzdem!

Ganz neu: der Urpfälzer geht nach Husum oder Emden

Für meine Freiheit und nicht ewig mit dieser Leier

Hatte einen Schlaganfall 2017 und bin im Gefängnis

Wegen Betreueranwältin und Betreuerrichter

Ich bin mein eigener Psychologe und habe meine Lösungen

Trotzdem bin ich laut blabla-Leuten behindert...

Ich brauch der WEG

Und ich hab natürlich meinen starken Geist mit Reinheit!

Laut blabla-Leuten müssten 70 % aller Deutschen Betreuer haben...

C P Gerd Steinkoenig Gerd F Steinkoenig Gerd Gerd 17.09.2022

18 Std. ·

Mit Deine Freunde, Gerds Freunde und Gerds Freunde geteilt

AUF EINEM FALSCHEN PLANETEN (DER WEG Pt 2)

Ich hab Unterhaltungen mit Behinderten

Ist super, gute Leute, gute Inspirationen

Aber diese Menschen verstehen mich nicht

Ich hab keine Unterhaltungen mit Normalen

(Außer 3 Minuten in einem Dorftratsch)

Sie verstehen mich vielleicht sogar

Aber ich bin Außenstehend

Schließlich hab ich kein Alkohol, kein Rauch

Ich bin Künstler mit Fotografie und

Ich bin (war?) ein Autor, war TV-Produzent

Aber ich hab kein Geid, kein Vitamin B

Andere Künstler gesehen und es war gut

Oder sauschlecht, aber es ist weil - Ihr wisst schon

Als Beispiel: hatte Fotos kreirt mit Grabsteinen

Mit historischen Shots auf dem Friedhof KL

Wochen später hatte jemand das Gleiche

Mit Ausstellung, er hat eben Vitamin B und Kumpels

Ich hatte nur meine gleichen Fotos

Die damaligen Sticks weggeworfen

Irgendwelche Promi-Idioten machen Bücher

Mit Spiegel-Bellestrik - mein Rekord sind 41 Books eines Buchs

Mittlerweile ist auch kein Interesse mit meinen Lyrics, Prosaen

Ab und zu doch: richtige fbFreunde - aber nur eine Hand voll

Ich mach meinen Weg mit Reinheit, Gelassenheit, Gesundheit

Ich hab meine positive Energie mit meinem starken Geist

Unabhängig von Betreuern oder sonstwas

Mehr Selbstständigkeit, Leben, Freiheit, Zukunft

Noch mehr Selbstvertrauen mitten im Leben

Trotz Betreuer etc, ich kriegs hin besser

Meine Pläne, Ziele, Lösungen mit Power

Ich bin ich und nicht irgendwelche BetreuerXinnen

Auf einem falschen Planeten im Jahr 2022

In einem Paralelluniversum im Jahr 1976 oder 1985

1973 oder 1982 freiheitlichen Zeitgeist, 2022 Unfreiheit

Und natürlich positive Gegenwart, Zukunft

Ich will kein Buch schreiben, aber momentan muss ich

Wieder rauslassen, rauskotzen

Habe 2 Abschiedsbücher geschrieben

Jetzt mach ich nur facebook, Instagram, oder vielleicht doch?

Gerd Steinkoenig Gerd F Steinkoenig Gerd Gerd 18.09.2022

"My son's going to a Rolling Stones concert. It's a family tradition going back 5 generations."

ZEIT!!

Gerd Steinkoenig

5 Std. ·

Mit Deine Freunde, Gerds Freunde und Gerds Freunde geteilt

Neue Version von meinen Besten Alben... Eine "DVD mit jeweils 2 Songs pro Album":

The Dark Side Of The Moon (Pink Floyd 1973)

Time / Us And Them

The Beatles (The Beatles 1968)

Helter Skelter / While My Guitar Gently Weeps

Wind And Wuthering (Genesis 1976)

One For A Vine / Blood On The Rooftops

Harvest (Neil Young 1972)

Old Man / The Needle And The Damage Done

And then there were three (Genesis 1978)

The Lady Lies / Burning Rope

Made In Japan (Deep Purple 1972 Live)

Highway Star / Smoke On The Water

The Wall (Pink Floyd 1979)

Mother / Comfortably Numb

Untitled (Led Zeppelin 1971)

Black Dog / Stairway To Heaven

Nina Hagen Band (Nina Hagen Band 1978)

Naturträne / Der Spinner

The Kick Inside (Kate Bush 1978)

The Saxophone Song / Wuthering Heights

Hotel California (Eagles 1976)

Hotel California / New Kids In Town

Music Is My First And Last Love

C P 20.09.2022 Gerd Steinkoenig Gerd F Steinkoenig Gerd Gerd

Classic Rock in Pics mit Enjoy Fast Internet And Cable Tv.

17. September um 01:01 ·

Pink Floyd, 1969.

Dark Side of the Moon

17. September um 11:58 ·

Awesome artwork by Rich Deragon!

2 Fotos von Pink Floyd (und auch aus meiner neuen Version meiner Best Alben - seht bei

diversen Alben, z.B. mein 1. Buch Blood On The Rooftops 2017).

VATER hatte seine eigenen Synapsen... Ende der 1970er, Anfang der 1980er waren wir irgendwie so gut drauf, das ich besondere Musikstücke für Vater hatte. Mit einem 70er Kopfhörer (keine kleinen Steckdinger in den Ohren von heute) für Vater. Da war z.B. Fool´s Ouverture von Supertramp, das er interessiert hörte. "Warum ist es jetzt laut, dann wieder leise", echte Interesse. Aus der Erinnerung war Pink Floyd (z.B. mit musique concrete - "stell dir vor, Vati, was die machen"...). Oder auch Neil Young. Wenn "Musikladen" (ARD) oder "Disco" (ZDF) am TV war, hatten die Eltern auch gehört in den 70ern. Alles mögliche, von Boney M bis Meat Loaf, von Sweet bis Amanda Lear... In der ARD waren auch immer Shows nur für Udo Lindenberg, wenn eine neue LP rauskam. Wollte Vater immer dabei sein. Viel später hatte ich gemerkt, wie alt er eigentlich war. Zeit ist relativ: ich war jung, und er ist Vater, also ist er alt... Ich sag mal 1976 - da war die offizielle LP-Sammlung-Anfang mit Genesis, mit den Beatles, Pink Floyd, Jethro Tull, desweiteren... Vater hatte es logischerweise auch mitgehört, wir waren ja im selben Haus. 1976 war tatsächlich im August 41 Jahre alt! Und natürlich hat er seine eigene Musik gehört: Deutscher Schlager und Volksmusik - aber trotzdem aus Interesse oder Neugierde hörte er eben Supertramp oder Udo Lindenberg oder Genesis... ZDF-Hitparade war ein 70er-Heiligtum - auch für mich!! Schlager in den 70ern war einfach geil: von Marianne Rosenberg bis Bernd Clüver (da waren auch BRAVO-Otto-Sieger!!). Später waren eben diese eigenen, sturen Synapsen von Vater: Rock-oder Popmusik war scheiße, sind eh nur Drogensüchtige. Im Elternhaus war ständig am Tag Radio, und eines Tages bei den Radionachrichten fiel der Name Eric Clapton. Vater gleich: Owacht, was ist da. Garantiert hatte Vater nur gedacht: der "Drogensüchtige" ist jetzt tot. Natürlich ging es nur um seine Tournee-Termine aus meinem Südwesten... Und wegen diese 2 Pink Floyd-Fotos: für Vater waren das Hippies, Drogensüchtige, Dumme. Jetzt ist z.B. David Gilmour (Pink Floyd) immer noch da: im Endeffekt uralt, und er läuft rum wie ein Rentner wie alle anderen normalen Menschen (von Ian Gillan bis Mick Jagger...). Das versteht Vater nicht. Er hat sein eigenes Weltbild!! Das Leute um die 80 "Satisfaction" rocken, ist für meinen Vater ein Unding...

Ich wollte viel schreiben über Vater (R.I.P. 2017) - ähnlich wie BAP mit Verdamp lang her... Aber ich krieg es nicht hin. Ich hab natürlich auch scheiße gebaut, aber daher... Da schreib ich nix. Auch weitere Sachen wie Politik. Good Vibes hatte ich mit Vater bei einigen Büchern von mir geschrieben (ich sach nur FCK vs Bayern 7:4, 1973...), aber diese Vergangenheitsbewältigung über Vater kann ich aus meinem Charakter her nicht mehr schreiben. Vielleicht hatte er ein Gespräch mit Gott und ihm, denn 1 Jahr nach seinem Ableben war seine Hand an meiner Hand und ich schrieb: Kampf, Mut, Wille, Disziplin! Natürlich ist es einer meiner Lebensmottos durch Vater. Wenigstens das Eine noch zu diesem Kapitel, eine "Alternative Story Of Rock" mit ein bisschen Grummel, nur das...

Gerd Steinkoenig

16 Std.

.

Mit Deine Freunde, Gerds Freunde und Gerds Freunde geteilt

Neue Version mit meinen Best of Alben! Teil 2! Wieder Alben mit je 2 Songs!

Love Over Gold (Dire Straits 1982)

Private Investigations / Telegraph Road

The Joshua Tree (U 2 1987)

With Or Without You / I Still Haven't Found What I'm Looking For

Ghost In The Machine (The Police 1981)

Demolition Man / Every Little Thing She Does Is Magic

Use Your Illussion I & II (Guns N Roses 1991)

You Could Be Mine / November Rain

Aqualung (Jethro Tull 1971)

Aqualung / Locomotive Breath

A Rush Of Blood To The Head (Coldplay 2002)

In My Place / Clocks

Rumours (Fleetwood Mac 1977)

Go Your Own Way / Dreams

Automatic For The People (R.E.M. 1992)

Everybody Hurts / Man On The Moon

Aus Teil 1 sind viele Alben aus den 1970ern von Genesis bis Pink Floyd!

Und es wäre noch Neverending Story, z.B. Ballhaus Pompös (Udo Lindenberg), Diamond Life (Sade), Brothers In Arms (Dire Straits), Legend (Bob Marley), Breakfast In America (Supertramp), Animals (Pink Floyd), Seconds Out (Genesis), Yessongs (Yes), Abbey Road (The Beatles), Black And Blue (Rolling Stones), Back In Black (AC/DC) etc etc... My Finest Music Ever! Teil 1, Teil 2 und der "Rest".

C P 21.09.2022 Gerd Steinkoenig Gerd F Steinkoenig Gerd Gerd

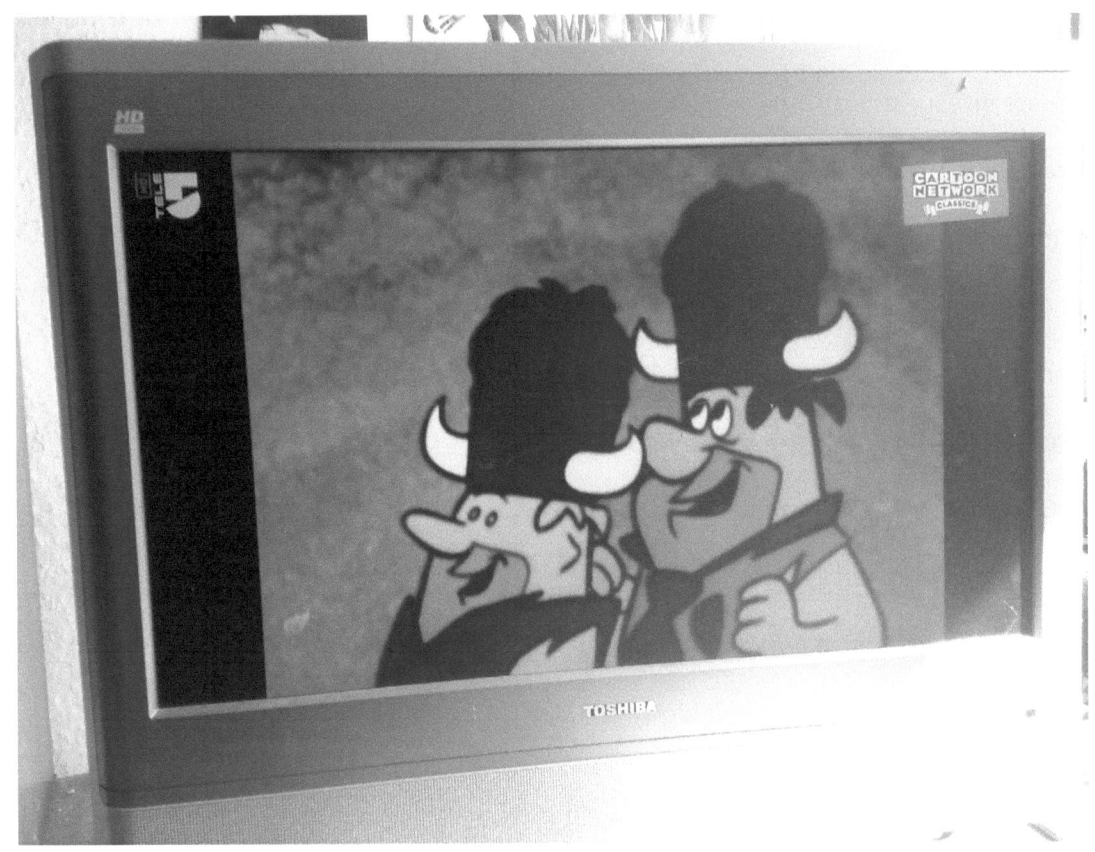

Gerd Steinkoenig

37 Min. ·

Mit Deine Freunde geteilt

Familie Feuerstein bei Tele 5   Ohne Woke! Ohne political correctness! Herrlich

Classic Rock in Pics mit Jessica Gower.

19 Std. ·

Led Zeppelin In front of an old picture of themselves with Jason Bonham taking his dads place.

MSAR - Service Dogs mit Rohan Bidlan.

AXS TV

6 Tage

Happy #ThrowbackThursday from the legends themselves! Thanks for 60 rockin' years, The Rolling Stones.

1962....First photograph of the Rolling Stones.

GERD´s ERINNERUNGSSYNAPSEN

1959 - 1969 die ersten Jahren, einfach Kind und Eltern und Verwandte (Oma/Opa) und vorallem mein Großvater. Schifferstadt, Enkenbach, Mutterstadt, Mainz und so.

1970 - 1972 die ersten Eindrücke, Kaiserslautern/Geschwister-Scholl-Schule/Schularbeitszirkel: mein erstes Wow - Grace Ohnesorge/erste Erfahrungen: Lehrer Cornelius & ein schwarzer Kamerad... Ich hatte ja nur Meinungen von meinen Eltern... Vor Kurzem hatte ich für 1 Euro eine CD von Tony Christie, wegen dem Song "Amarillo" - noch heute ist "Amarillo" MEIN Song von jener Zeit...

1973 - 1981 meine Freiheit Teil 1 von Schwedelbach, Weilerbach, Sweet, BRAVO bis Handelsschule, Lehrstelle, Führerschein, Tanzschule, Rodenbach, Sommer 1976, LP-Sammlung Anfang 1976, Weihnachtsfeier 1976, Bundeswehr: Gerolstein Oktober 1978-

19

Dezember 1979, Landstuhl etc etc. Viele Erinnerungen sind bei meinen Büchern, ich kann nicht alles schon wieder wiederholt schreiben. Von Smile bis Old Vienna bis Marina B... Nur weil: die Freiheit Teil 1 durch meine Eltern, denn ich konnte schon mit 15 oder16 ausgehen nach Rodenbach oder Kaiserslautern. Später waren die ersten Risse durch meine "Auto-Akrobatiken" - natürlich wegen der Kohle.

1982 - 1992 meine Freiheit Teil 2 mit dem Job in Monnem (für Deutsche: Mannheim), meine Unabhängikkeit, meine Verlobte A.P. etc etc. In den Achzigern war ALLES!! Auch da: seht bei meinen Büchern bei diversen Erinnerungen, von VA MA bis HD , von Llorett 1985 bis Globetrotter-Tour 1986, von Genesis-Open Air bis Pink Floyd-Open Air etc etc...

Nochmal 1973 - 1992 die große Unabgängigkeit hatte ich nie! Einerseits konnte ich schon machen, was ich wollte. Andererseits kam ein großer Boss namens Vater: er war ein Polizist in hohem Sphären, dementsprechend hat er agiert. In dieser Zeit war ich ab und zu ein bisschen naiv und er hat es einfach jongliert. Er hat mir geholfen, aber gleich sein "Spruch"...Obwohl ich logischerweise volljährig war. "Wenn er nicht heiraten will, dann kümmern wir uns"... Ich konnte nicht MEIN Ding machen: "Du hast doch den Job, mach noch deine Karriere". Das war DER Status von meinen Eltern: Karriere und Geld!!!! Erst seit 2015/2016 hatte ich besseres, größeres Selbstbewusstsein. Seit September 2017 nach meinem Schlaganfall hab ich meinen starken Geist, meine erwachsene Vernunft, mein Selbstvertrauen, Selbstbewusstsein, MEIN Leben!!

Ui, doch nochmal Vater und Mutter... Sind nur ein paar Abrisse... Wie gesagt: schmökert bei meinen vielen ISBN-Büchern mit meinen Erinnerungen vom Pilze sammeln mit meinem Vater bis Mausloch-Zählen im Wald von Großvater.

1993 - 2014 mein Leben vegetiert. Ist natürlich übertrieben. Aber es war Zeitverschwendung! Neunziger ab Ende 1992 war scheiße! Sommer 2005 war cool! Seit 2010 hatte ich meine Motivationen und gute Jobs. Dann:

2015 bis heute (22.09.2022) - neue Herausforderungen, neuer Job (Pflege/Betreuer-Zertifikat), leider der Schlaganfall 2017. Der Rest: siehe diverse Bücher, z.B. Danach (2019).

Nochmal 1993 - 2022 "mein Leben vegetiert" ist natürlich Blödsinn, aber es waren keine Ziele mehr, keine Motivationen! Durch meine Verlobte... Erst im Nachhinein hatte ich das kapiert. "Sie ist fort" (Fantastischen Vier)... Aber das hat nichts mit der Verlobten zu tun, sondern von mir! MEHR Power, MEHR Selbstvertrauen hätte ich damals machen sollen. Manchmal frage ich mich über meinen Schlaganfall: wegen 1993 - 2017?? 1993 - 2014?? 1976 - 2017?? Blödsinn?? Ich weiß es nicht!!

Mein Leben ist DIE Prüfung!

Gerd Steinkoenig

2 Std. ·

Mit Deine Freunde geteilt

Die Zeit im Leben durch Filme oder Serien... Den Film SHINING oder den Film EINER FLOG ÜBER DAS KUCKUCKSNEST oder die Serie DIE STRASSEN VON SAN FRANCISCO: z.B. Kuckucksnest war 1975, im Kino 2 oder 3 Jahre später. Über 40 Jahre später bin ich ganz anders drauf. Durch Erlebnisse, Lebenserfahrungen. Hab 4 oder 5 mal geguckt in all den Jahrzehnten und jedesmal war es anders... Egal ob Kuckucksnest, Shining oder Schimanski oder Das Schweigen der Lämmer...

Classic Movies Digest

19. September um 18:39 ·

Comedy Giants....

Oliver Hardy, Stan Laurel, Jimmy Durante & Buster Keaton, 1932

Pink Floyd Channel

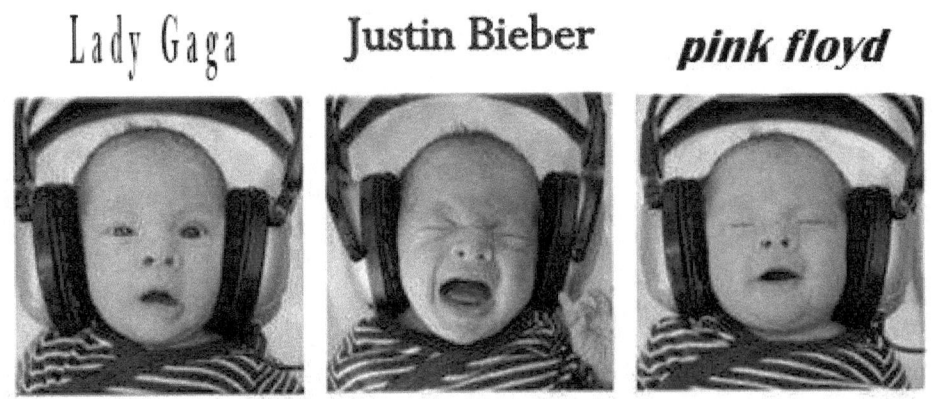

Classic Rock in Pics mit Andrew Bulls David Drummond.

19. September um 20:00 ·

Mick Jagger and John Lennon.

Juanita Fitzgerald

Two Of The Best   Musicians In The World   Brilliant Picture I Love It.   Awesome

Planetary Landscapes

14. September um 00:41 ·

That did not go so well...   . Credit Image: Close Encounters Studios

Gemeinsam für die Tiere

16. September um 21:00 ·

OVVA ROCK

12. September um 21:00 ·

Good music does not age
Shine On

Gerd Steinkoenig

My absolutly Number 1 Album!!

Abbey Road Tribute

15. September um 15:40 ·

John wrote "Good Night" as a lullaby for five-year-old Julian in 1968. He asked George Martin to give the song a lush orchestral arrangement in the style of old Hollywood films

27

and admitted, "Yeah, corny."

"I think John felt it might not be good for his image for him to sing it but it was fabulous to hear him do it, he sang it great," said Paul.

"We heard him sing it in order to teach it to Ringo, and he sang it very tenderly. John rarely showed his tender side, but my key memories of John are when he was tender, and that's what has remained with me; those moments where he showed himself to be a very generous, loving person."

"I always cite that song as an example of the John beneath the surface that we only saw occasionally...I don't think John's version was ever recorded."

The song ends with Ringo whispering: "Good night ... Good night, everybody ... Everybody, everywhere ... Good night."

Thanks to Boris for this story and this extraordinary photo of Ringo and John during the June 28, 1968 recording session of "Good Night."

Gerd Steinkoenig

16. September um 21:01 ·

Mit Deine Freunde geteilt

Geheimtipp-Song von den Beatles: GOOD NIGHT aus dem Weißen Album!

Wunderbar

13. September um 14:00 ·

Die Wichtigkeit von Bäumen

David Gilmour Guitar Legend.

15. September um 14:58 ·

"No one can replace Richard Wright. He was my musical partner and my friend.

In the matter of what or who Pink Floyd was, Rick's importance was always forgotten.

He was gentle and introverted but his soulful voice and his playing were vital magical components of our most recognized "Pink Floyd sounds".

I have never played with another like him. The mix of our voices and our musical telepathy had its greatest flourish in 1971's Echoes. From my point of view all the great moments of PF are the ones that Rick was in. After all, without 'Us and Them' and 'The Great Gig In The Sky', both written by Rick, what would have become of 'The Dark Side Of The Moon'? Without his quiet "touch" on the 'Wish You Were Here' album it wouldn't have been the same work.

   In our middle period, for many reasons he lost his way for a while, but in the early 90's, with The Division Bell, his vibrancy, spark and humor returned to Richard, and then the audience reaction to his appearances on my tour of 2006 were very "constructive" and as a sign of his modesty those ovations were a great surprise for him (not so for the rest of us).

   Like Rick, I don't find it easy to put my feelings into words, but I loved him and will miss him dearly."

David Gilmour

Monday, September 15, 2008.

YOU TUBE SHOTS

Wundertüte You Tube, im Endeffekt ist alles drin... Da hat man Filme und Serien aus den 70ern oder 80ern - da war kaum Video, sonst nix, und vorallem kein Internet oder Mobile Phone - und nun hab ich meine You Tube Zeitreise mit Shining oder Kojak 1974...

14 Foto-Erinnerungen: von Twin Peaks bis Genesis...

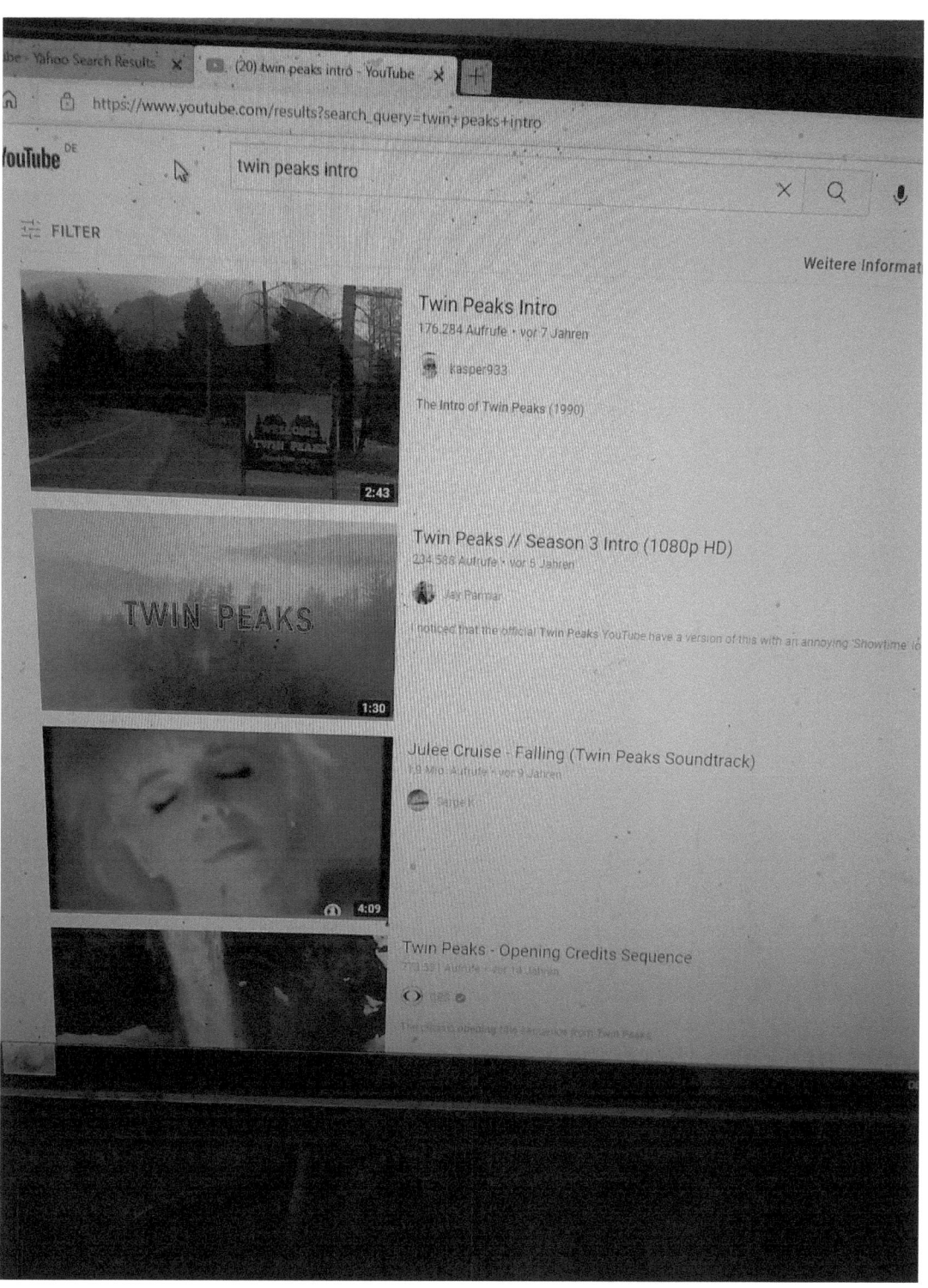

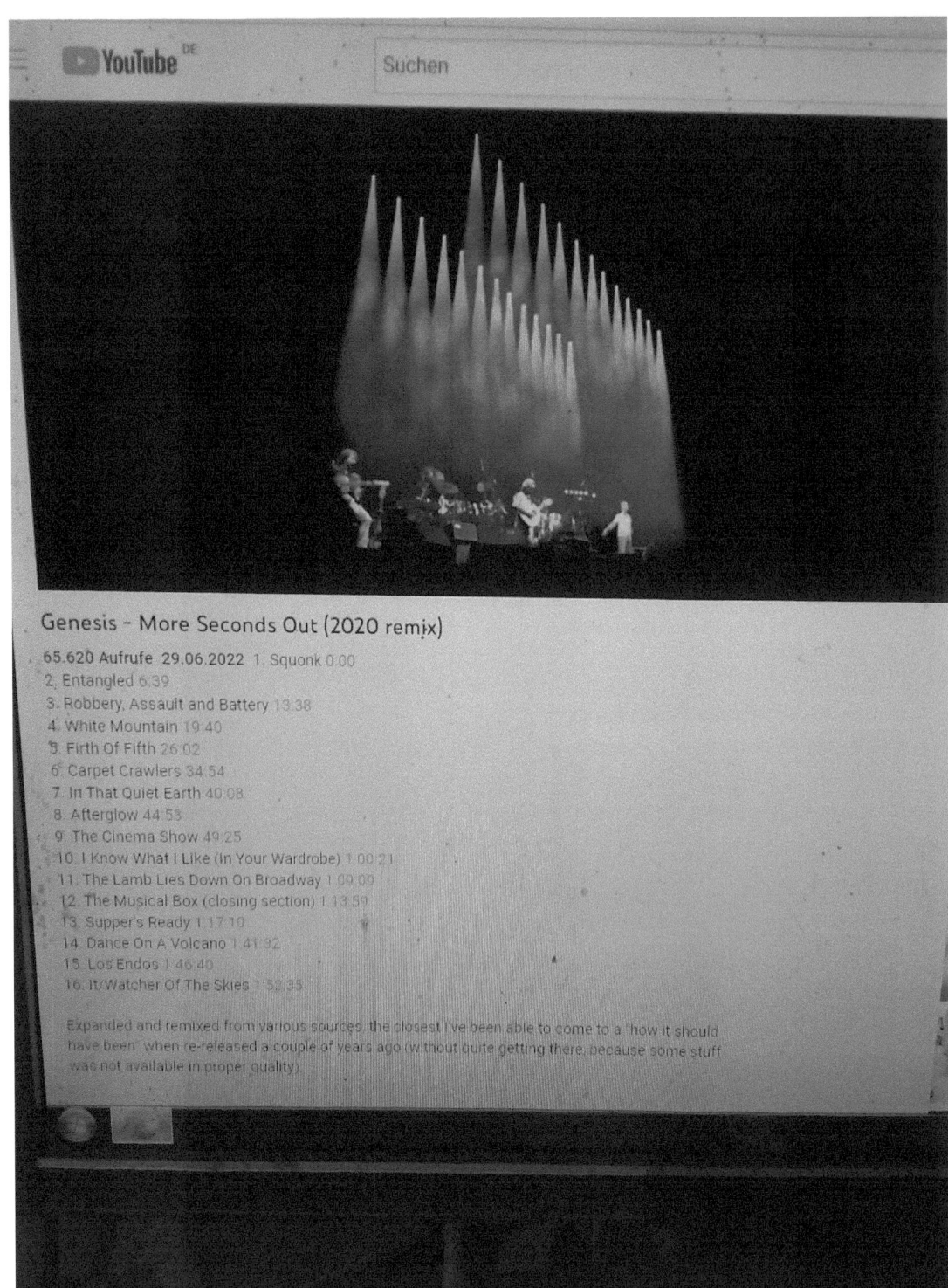

Genesis – More Seconds Out (2020 remix)

65.620 Aufrufe 29.06.2022 1. Squonk 0:00
2. Entangled 6:39
3. Robbery, Assault and Battery 13:38
4. White Mountain 19:40
5. Firth Of Fifth 26:02
6. Carpet Crawlers 34:54
7. In That Quiet Earth 40:08
8. Afterglow 44:53
9. The Cinema Show 49:25
10. I Know What I Like (In Your Wardrobe) 1:00:21
11. The Lamb Lies Down On Broadway 1:09:09
12. The Musical Box (closing section) 1:13:59
13. Supper's Ready 1:17:10
14. Dance On A Volcano 1:41:92
15. Los Endos 1:46:40
16. It/Watcher Of The Skies 1:52:35

Expanded and remixed from various sources, the closest I've been able to come to a "how it should
have been" when re-released a couple of years ago (without quite getting there, because some stuff
was not available in proper quality).

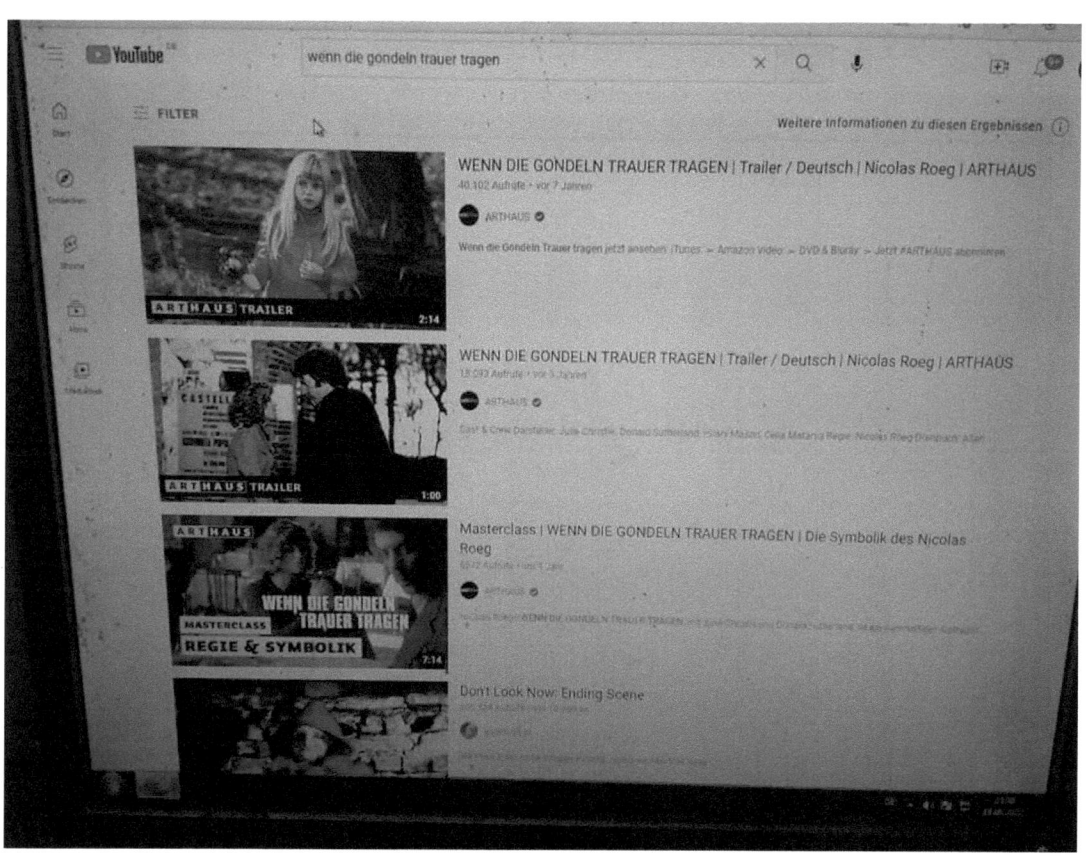

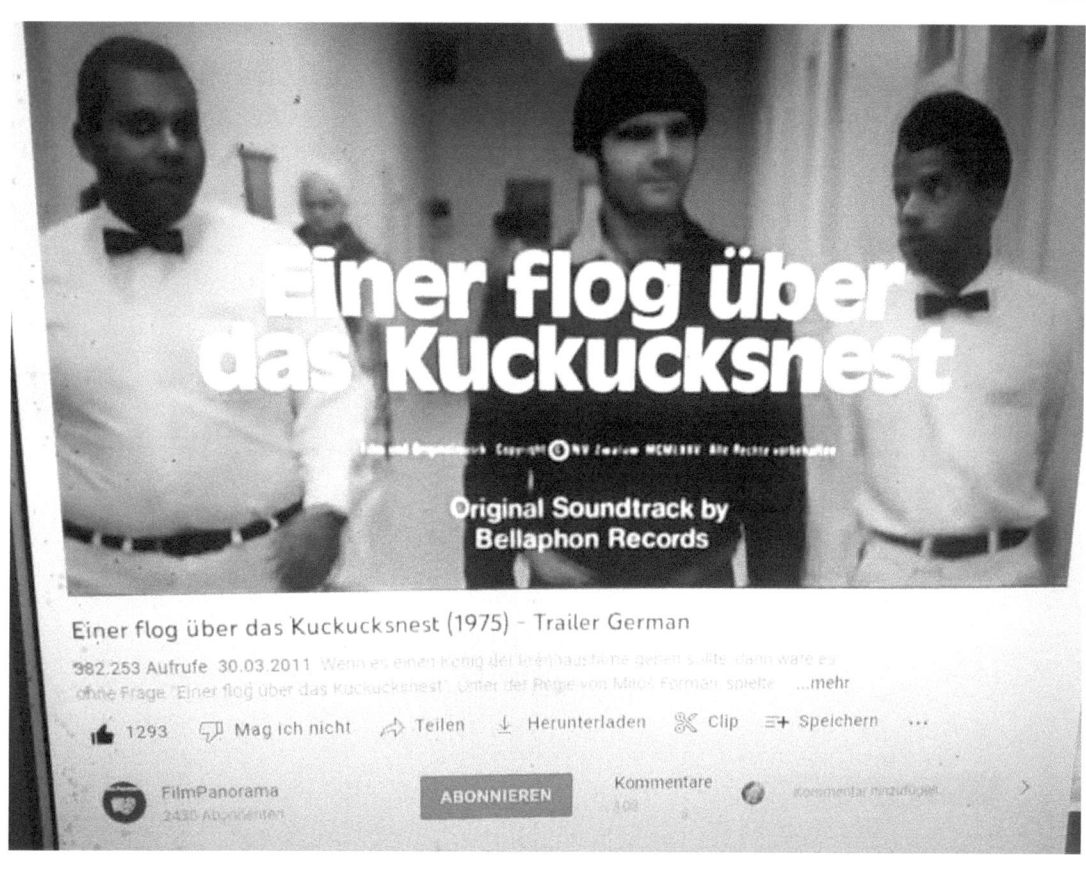

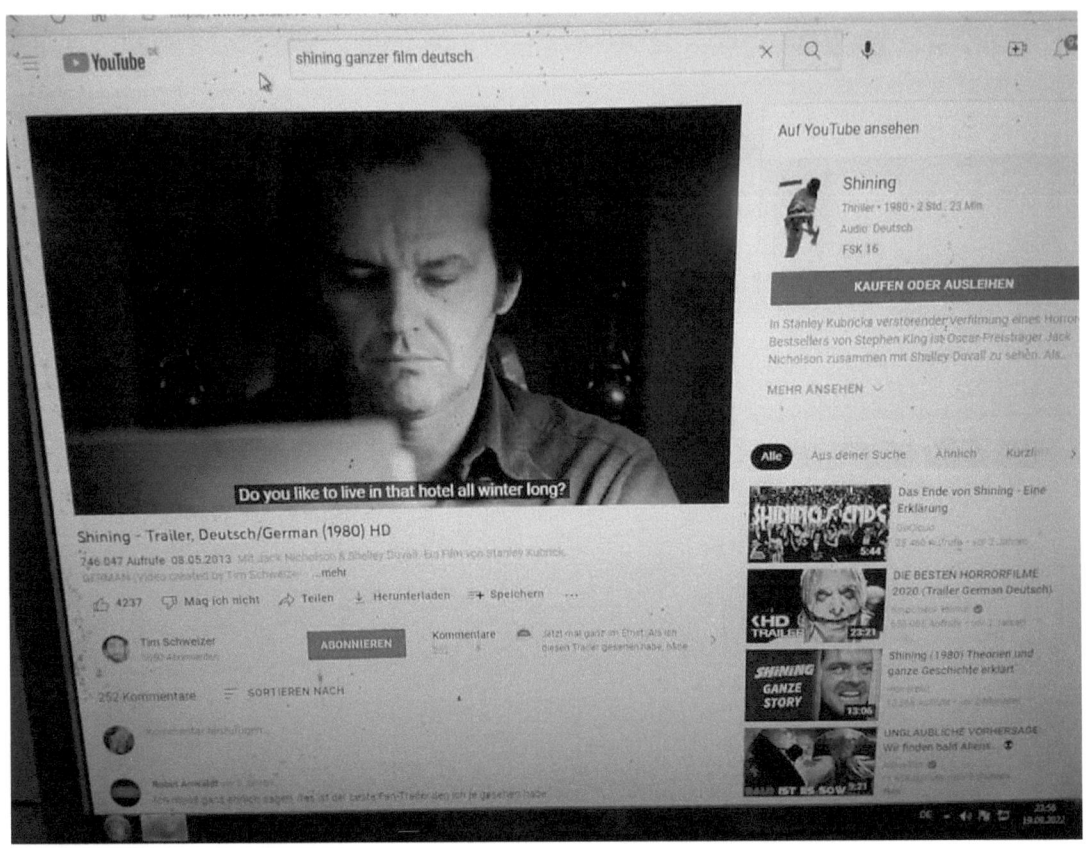

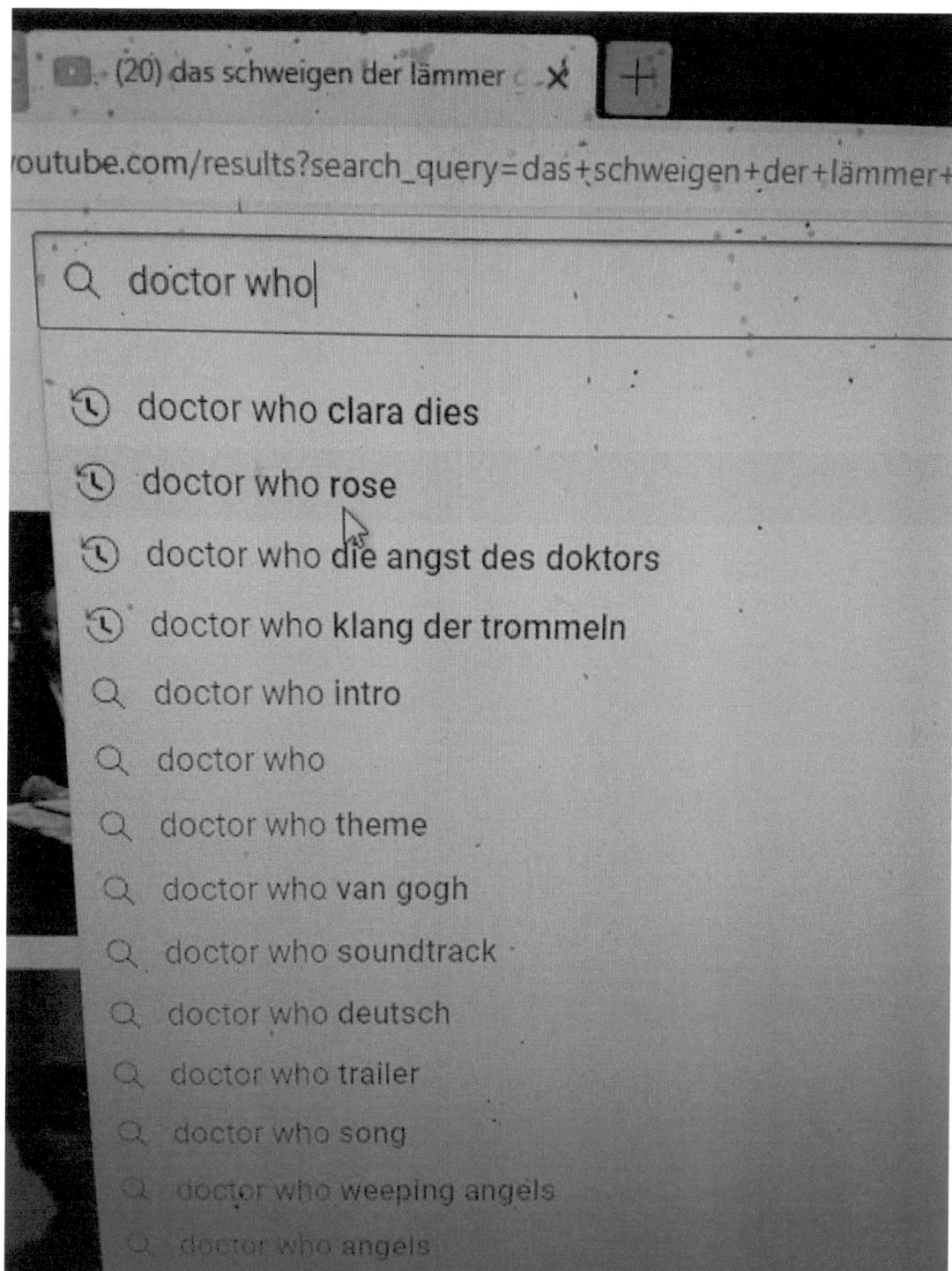

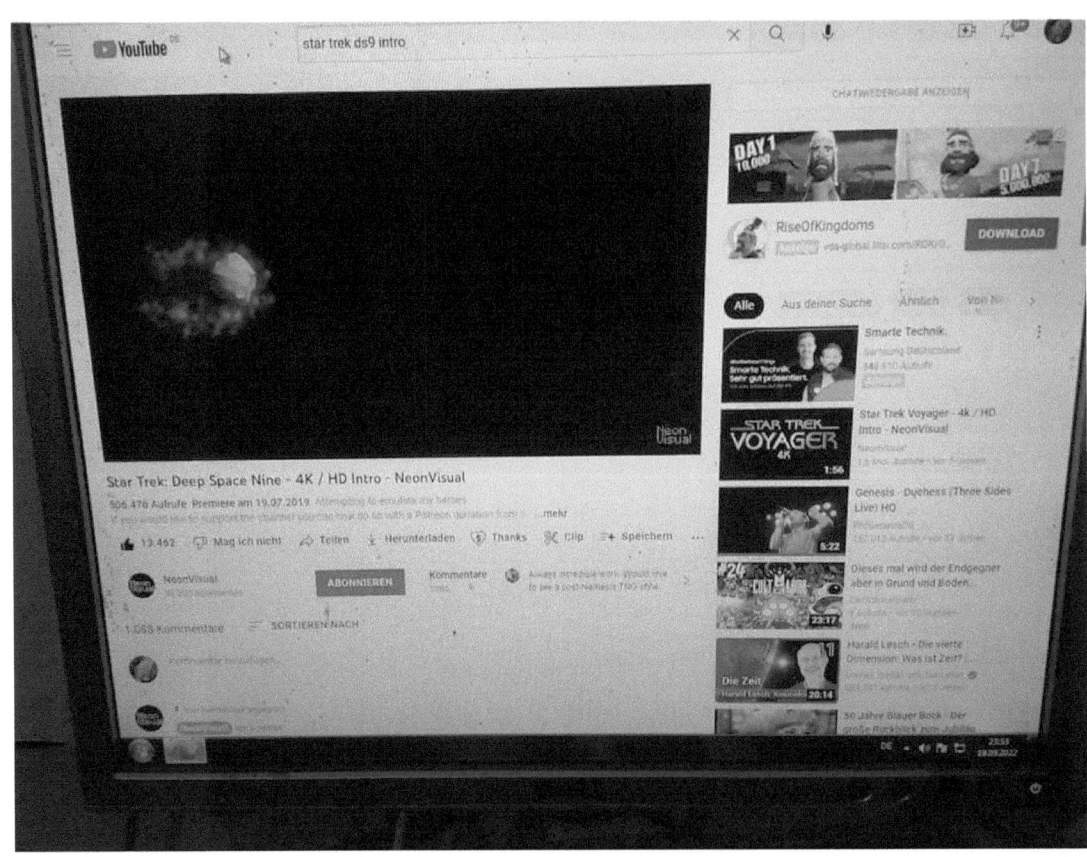

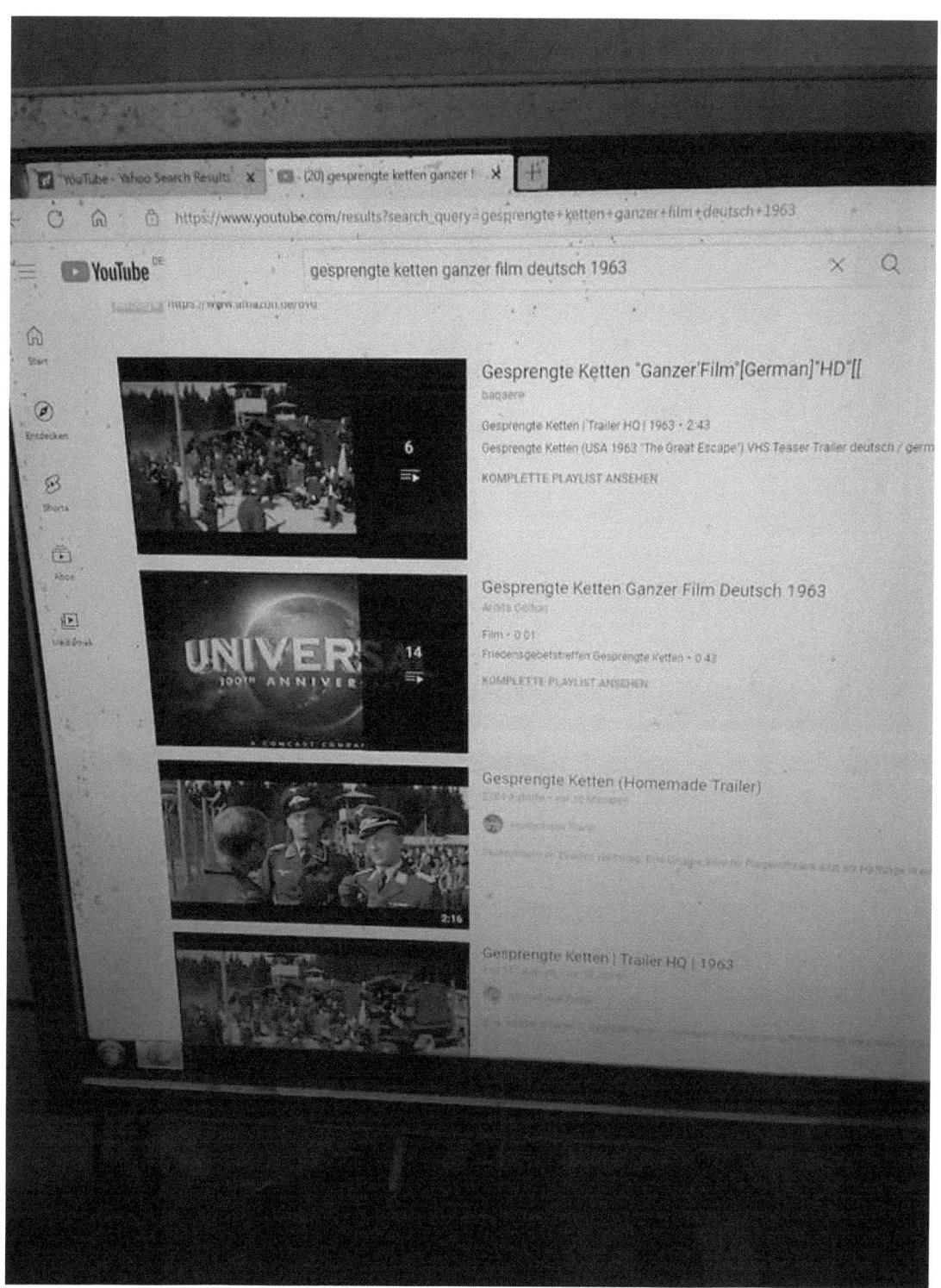

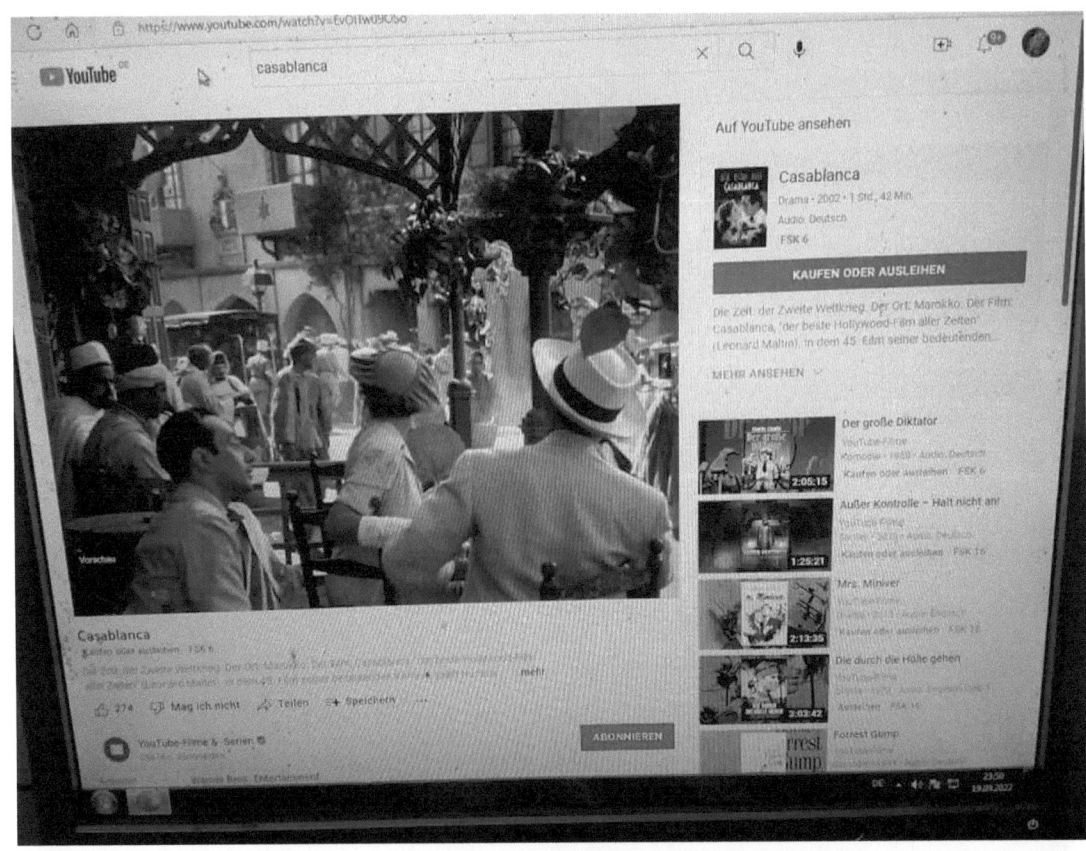

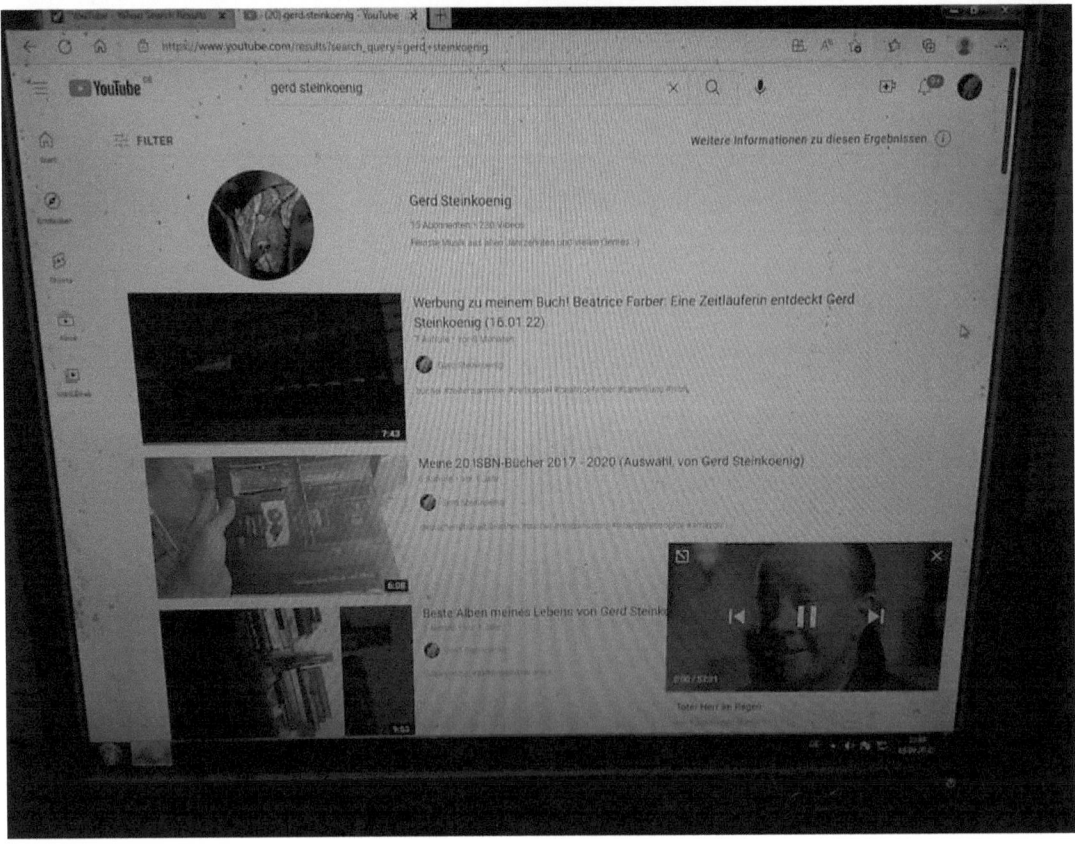

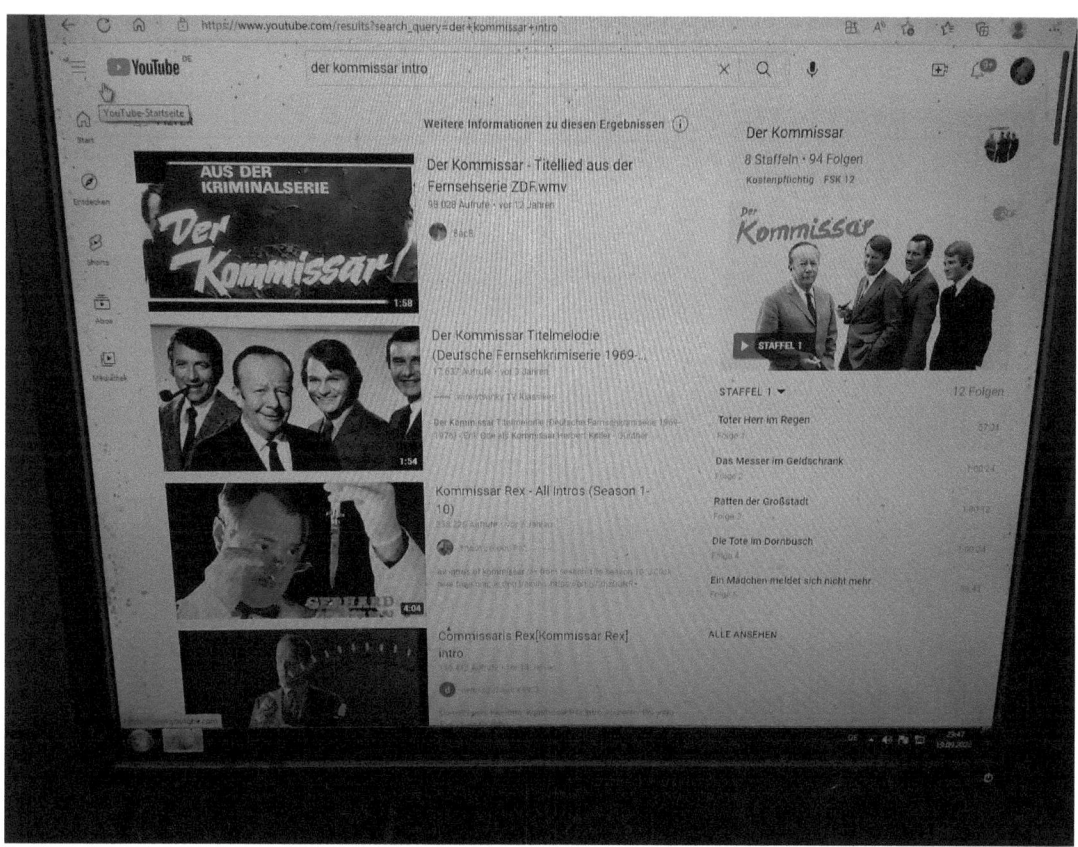

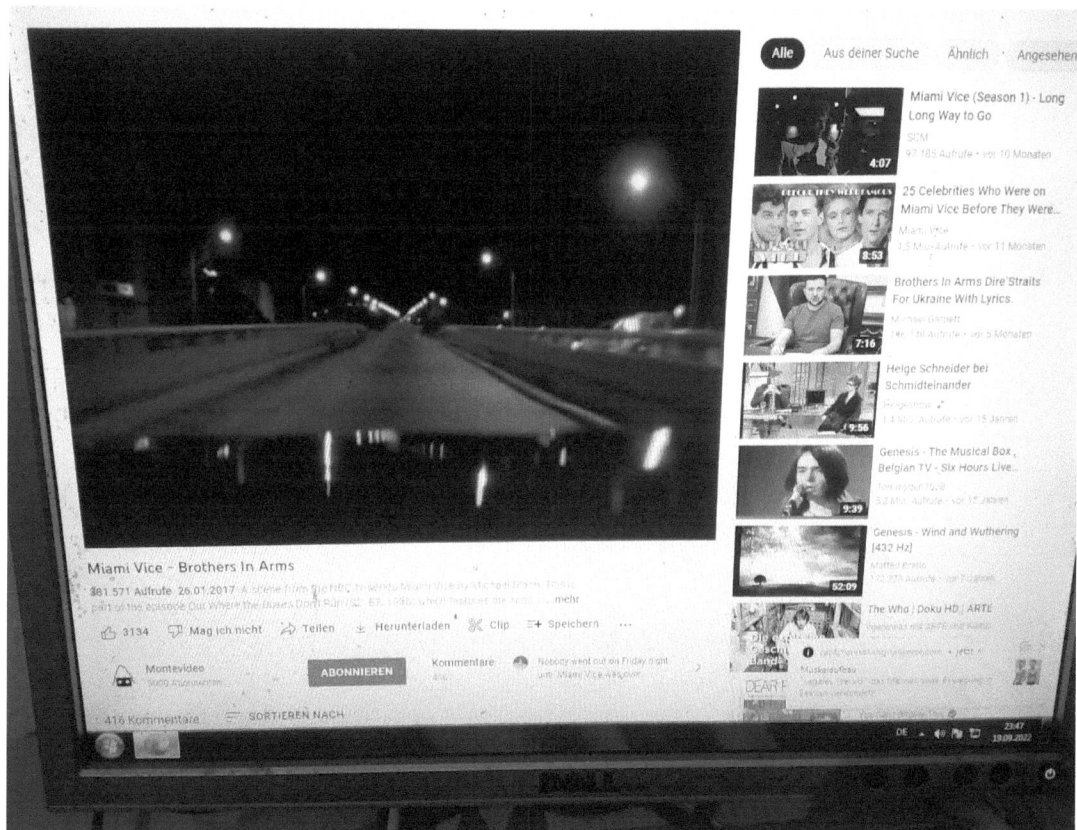

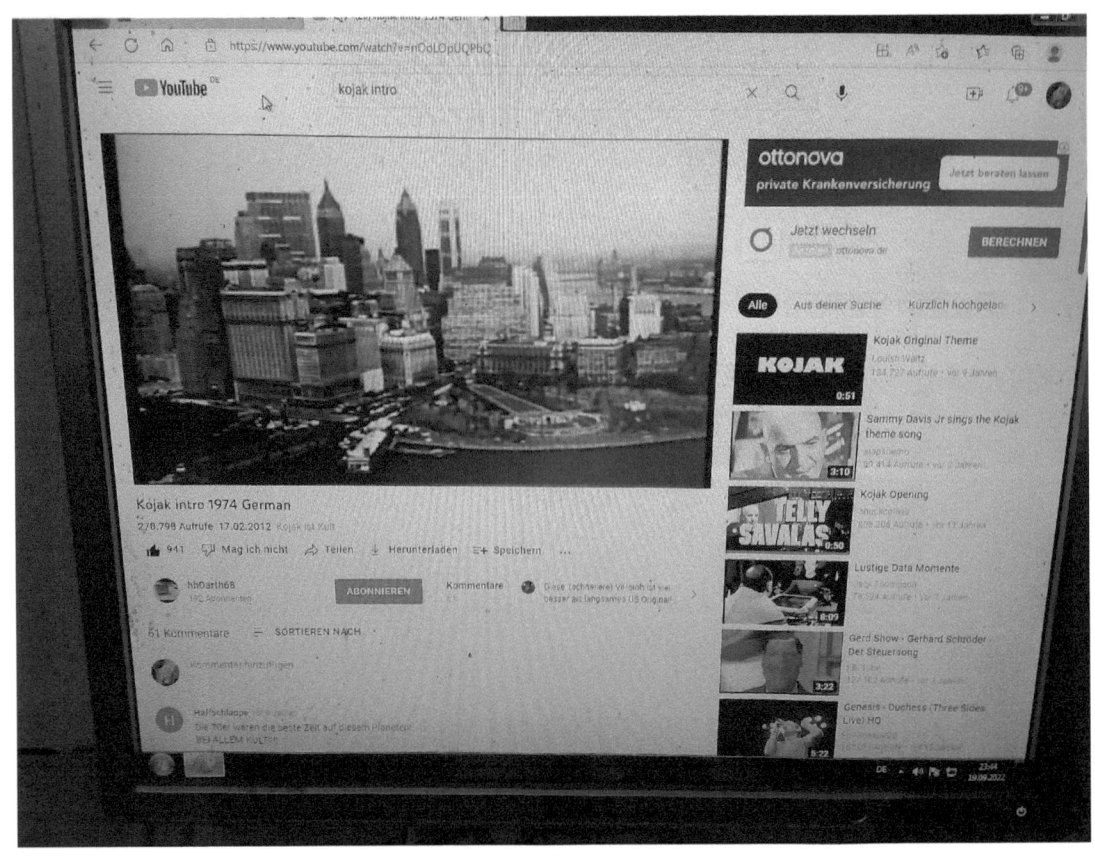

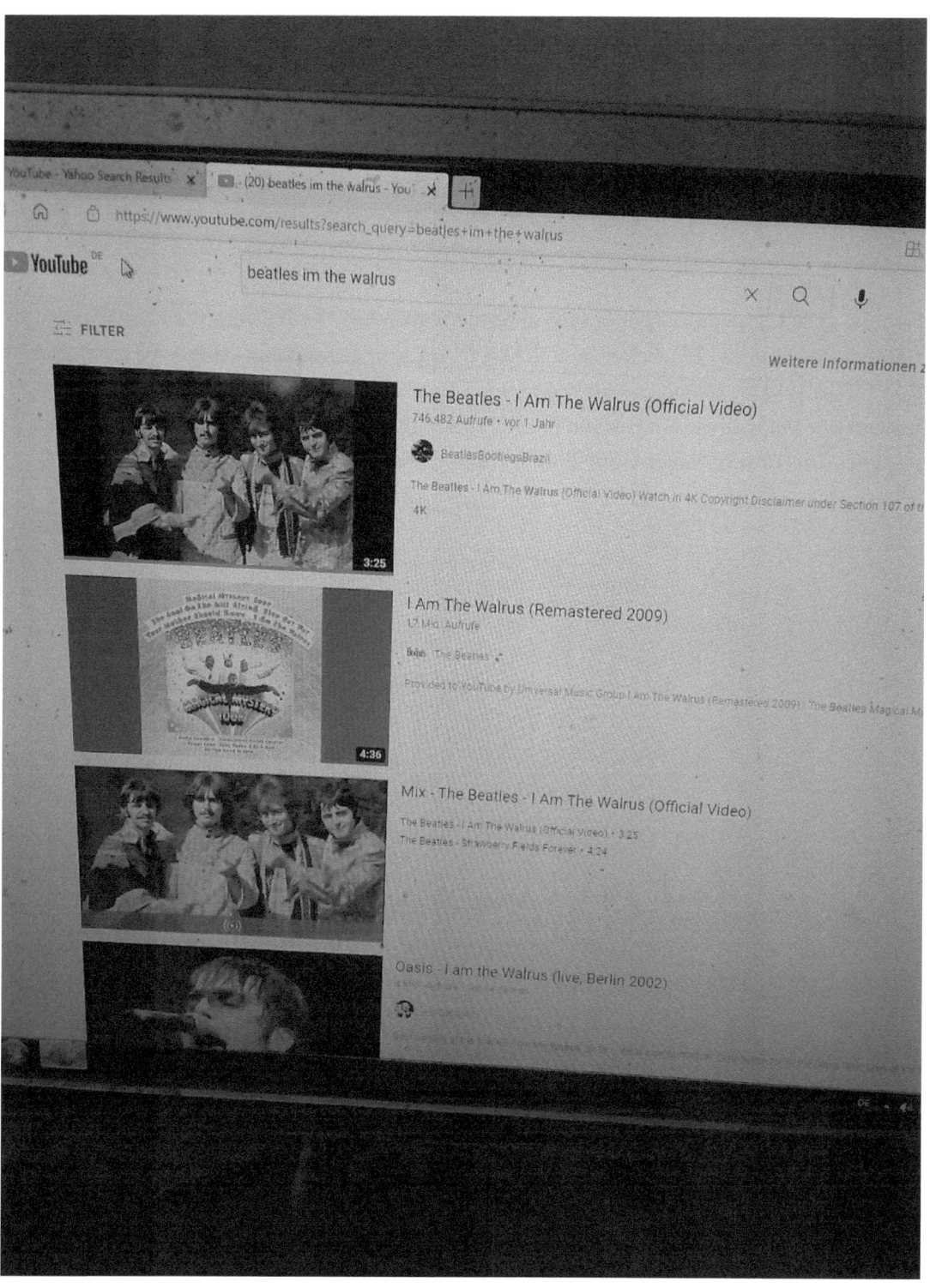

MEINE DIVERSEN CD-MUSIC-GENRES!!

Gerd Steinkoenig hat 2 neue Fotos hinzugefügt.

17 Std.

Heute 4 geile CDs geholt! Wieder typical Gerd Steinkoenig : 4 total verschiedene Musik-Genres! Iron Maiden! Deutscher 50er Schlager! Les Humphries Singers! Frank Zappa! Von Run To The Hills bis Mama Loo bis Wo meine Sonne scheint!! Und ZAPPA: Eine Edel-Live-Doppel-CD: Mit Stairway To Heaven (10 Minuten), Beatles-Medley, I'm The Walrus!! Und natürlich The Torture Never Stops!! Mein Zappa-Song! Yeah!

AUßERDEM:

MEINE LIFE-MUSIK!!

Meine Musik ist oft ein Life-Soundtrack! Wie bei den Filmen und Serien, hab ich bestimmte Alben mit Zeiten: Motörhead war für mich geil (gerade das fulminante Live-Album von 1981) - mittlerweile scheiß ich auf Lemmy & Co. Rammstein war mal geil, mittlerweile für mich Schrott. Oder zeitlose, ewige, geile Songs wie Africa (Toto) oder West End Girls (Pet Shop Boys) oder Naturträne (Nina Hagen Band). Oder eben DIESE Alben, wie mein Nr 1-Favorit The Dark Side Of The Moon (Pink Floyd) oder and then there were three (Genesis):

DER Life-Soundtrack mit diversen Launen, an einigen Tagen ist ein Song irgendwie anders, ob Sommer oder Winter, Melancholie oder Enthusiasmus... (Herbstanfang 2022)

YOU TUBE SHOTS PART II

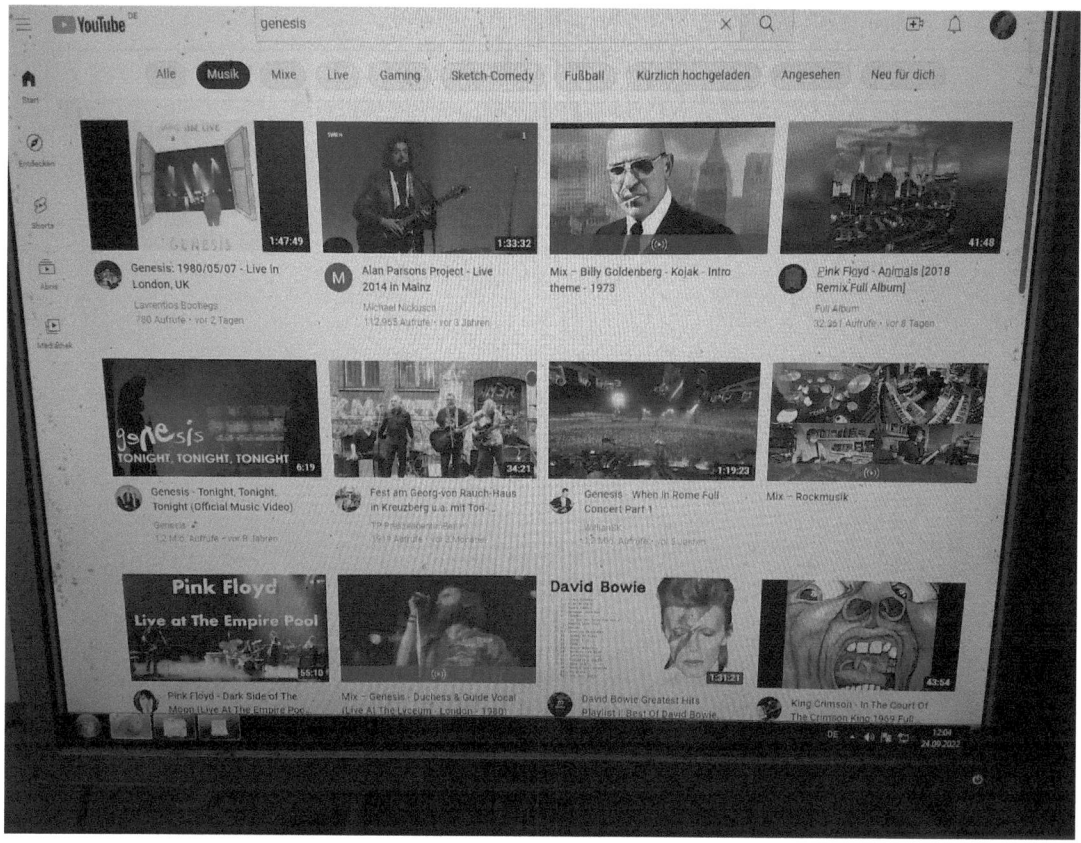

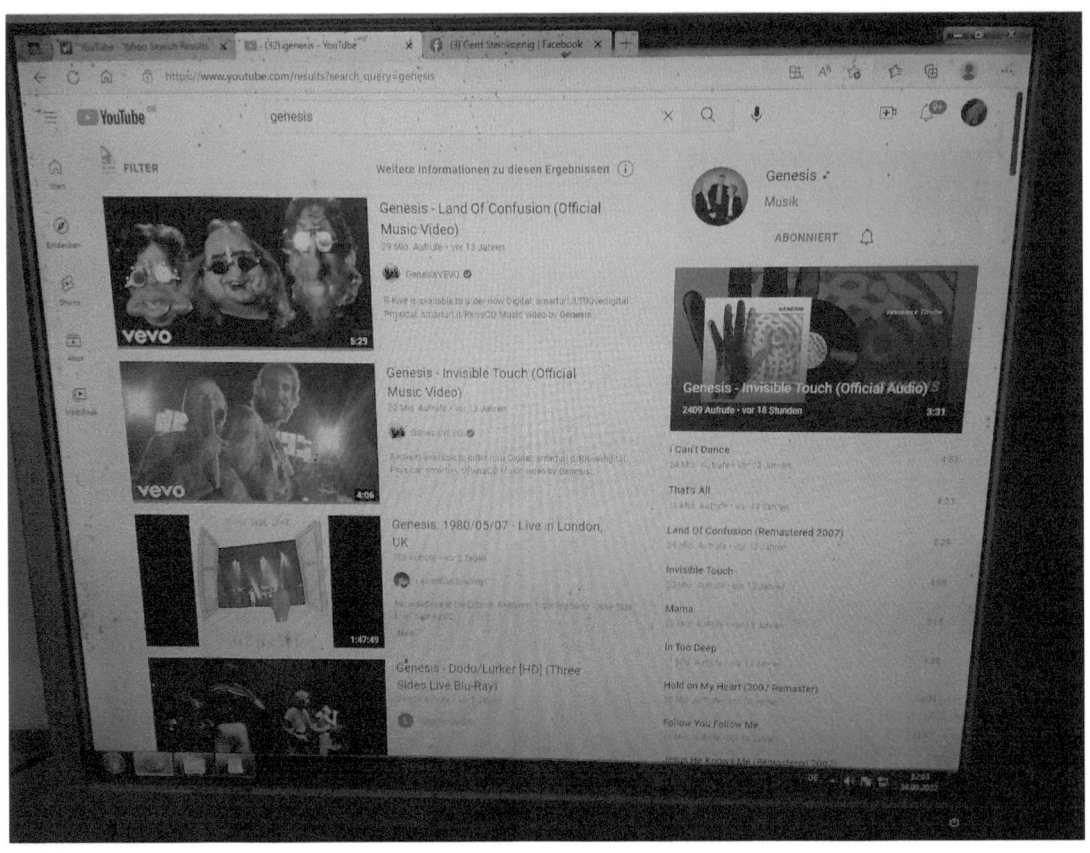

50

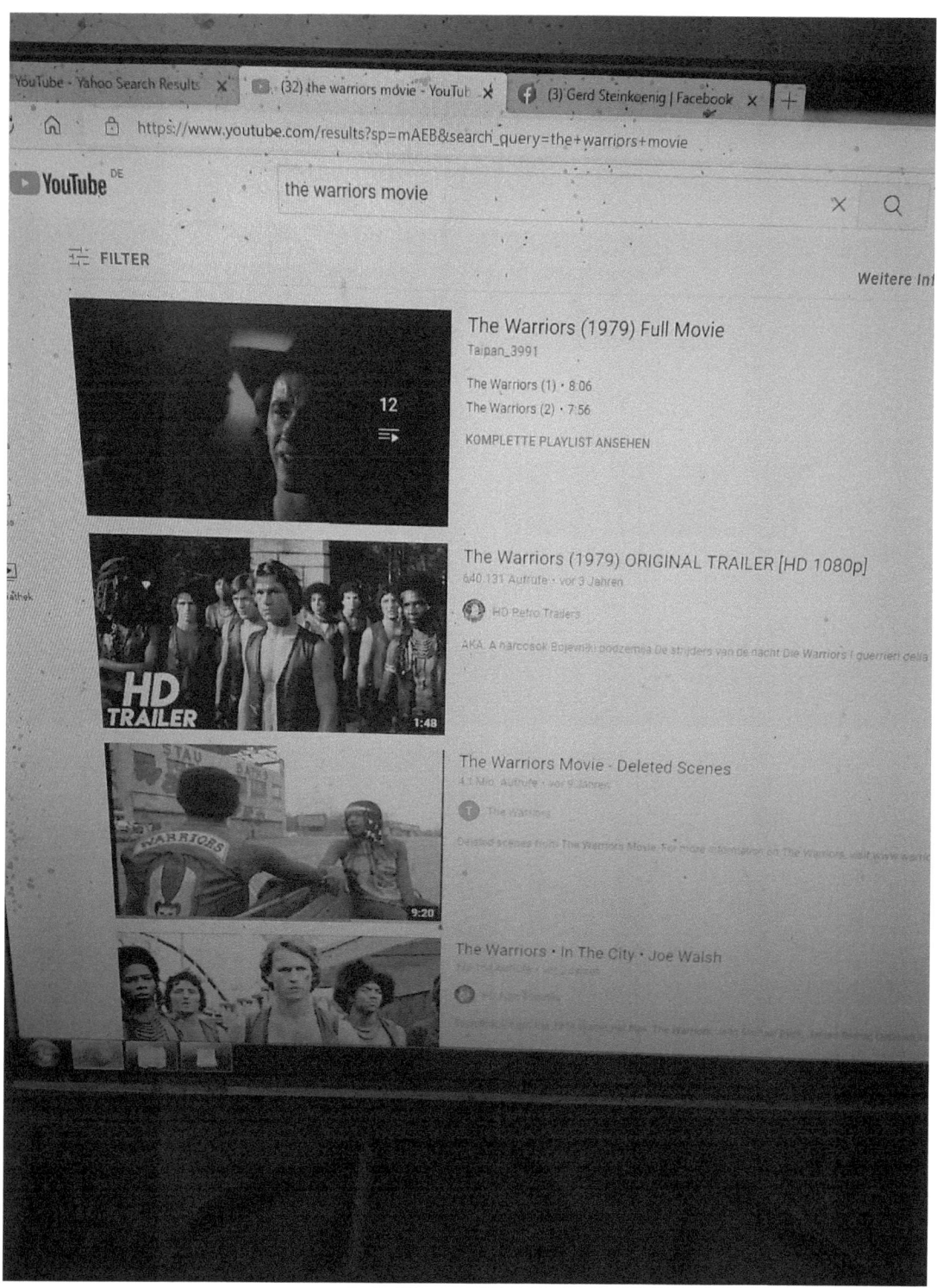

51

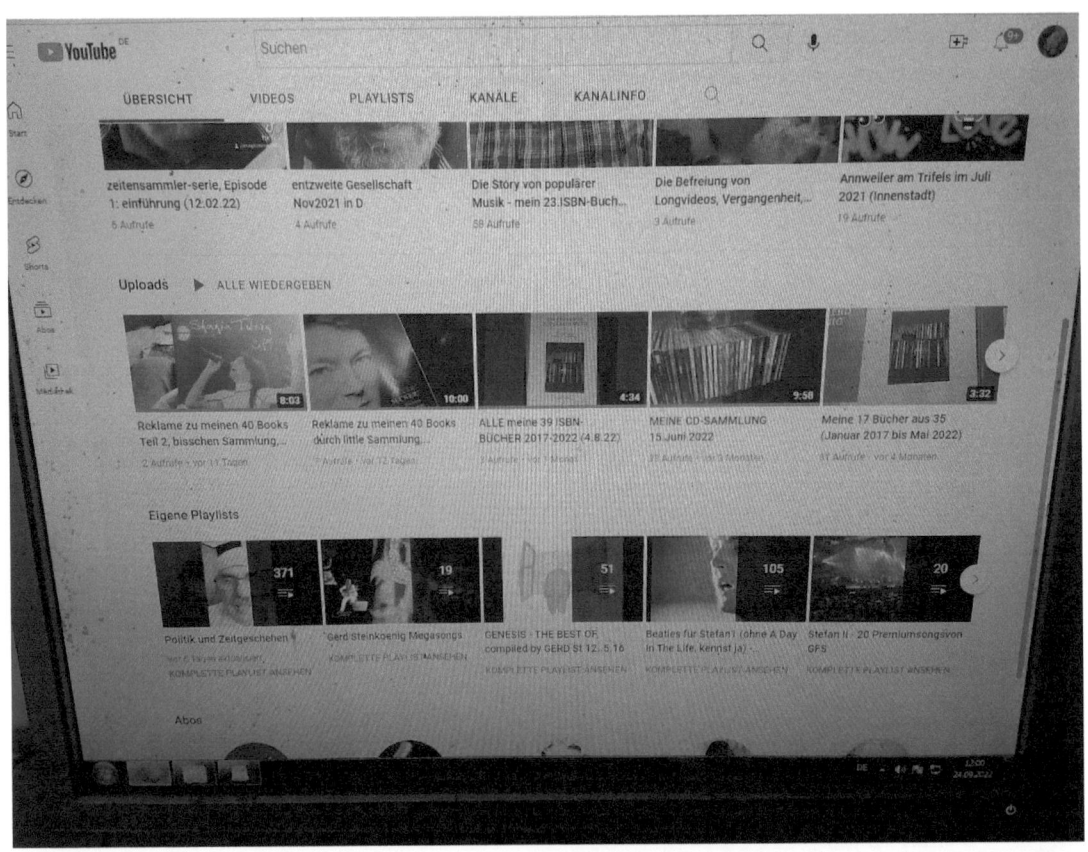

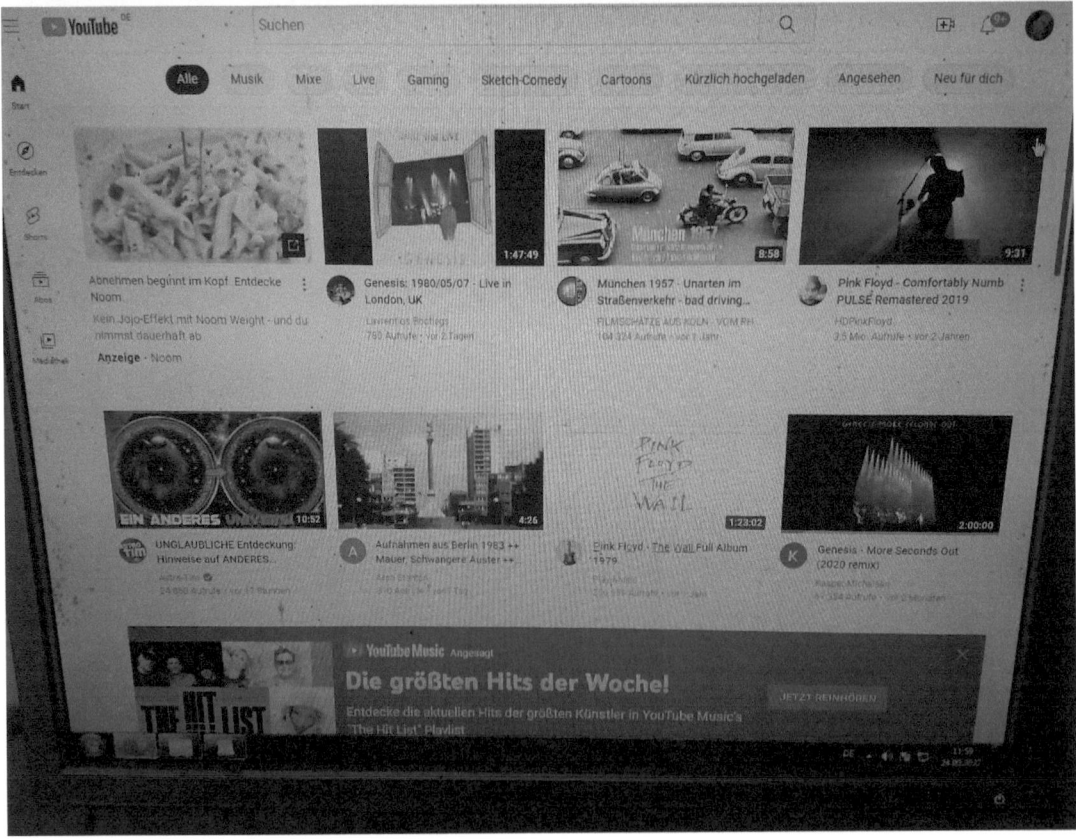

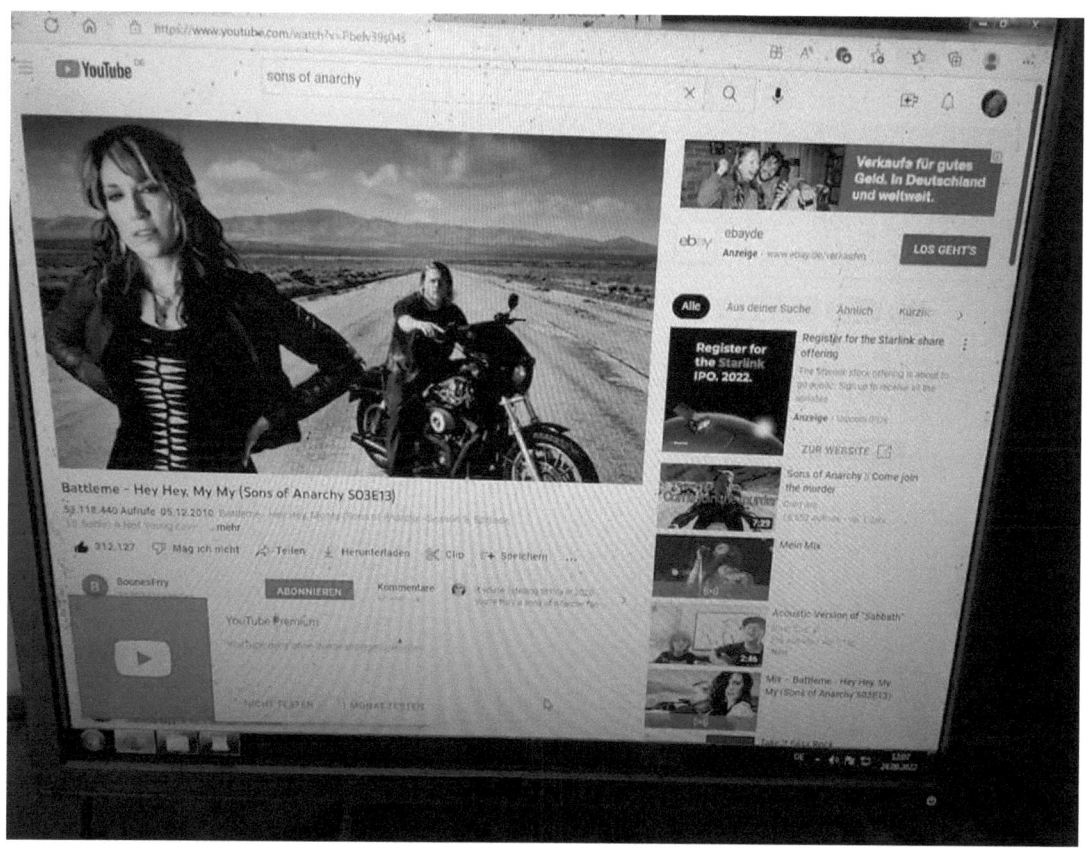

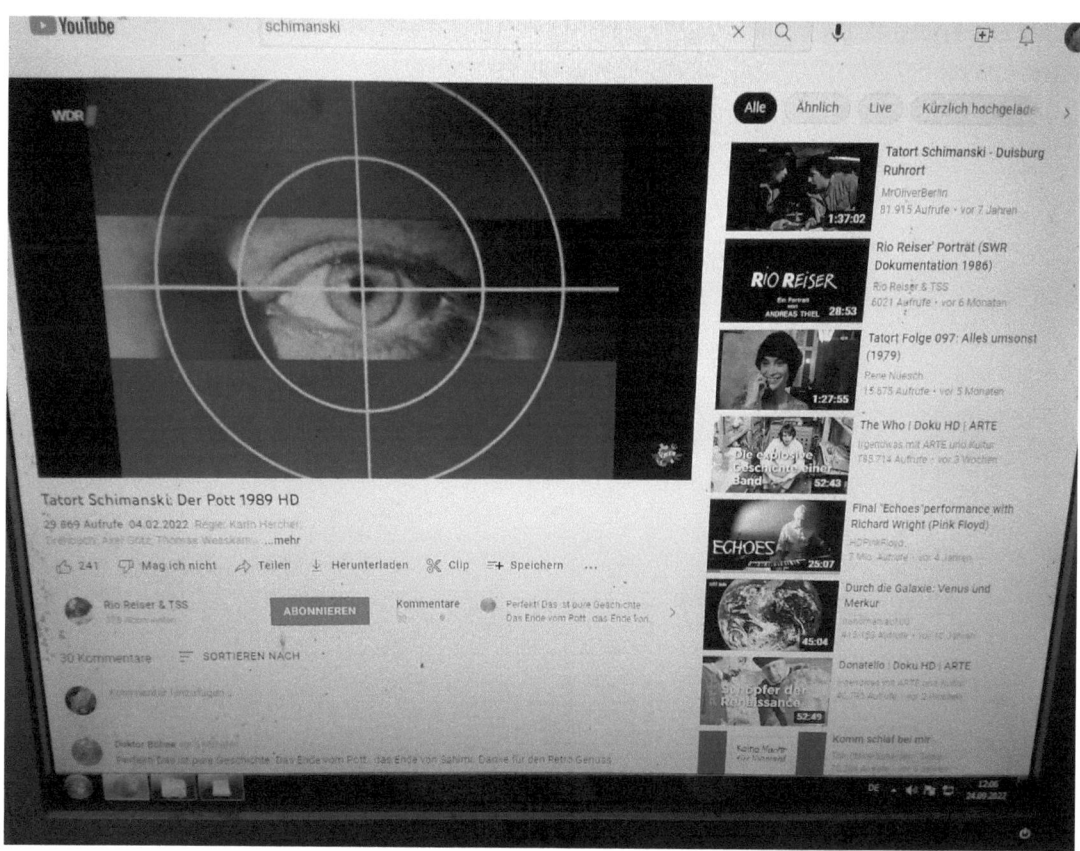

DER POTT ist mein Lieblingsepisode von Schimanski,   Sons Of Anarchy MEINE beste Serie im 21. Jahrhundert (mit dem besten Cover ever: Hey Gey My My von Battlemore, Original: Neil Young)! Und The Warriors ist Megakult! Das ist echt eine Zeitreise...

FACEBOOK & INSTAGRAM-FOTOS DES AUTORS

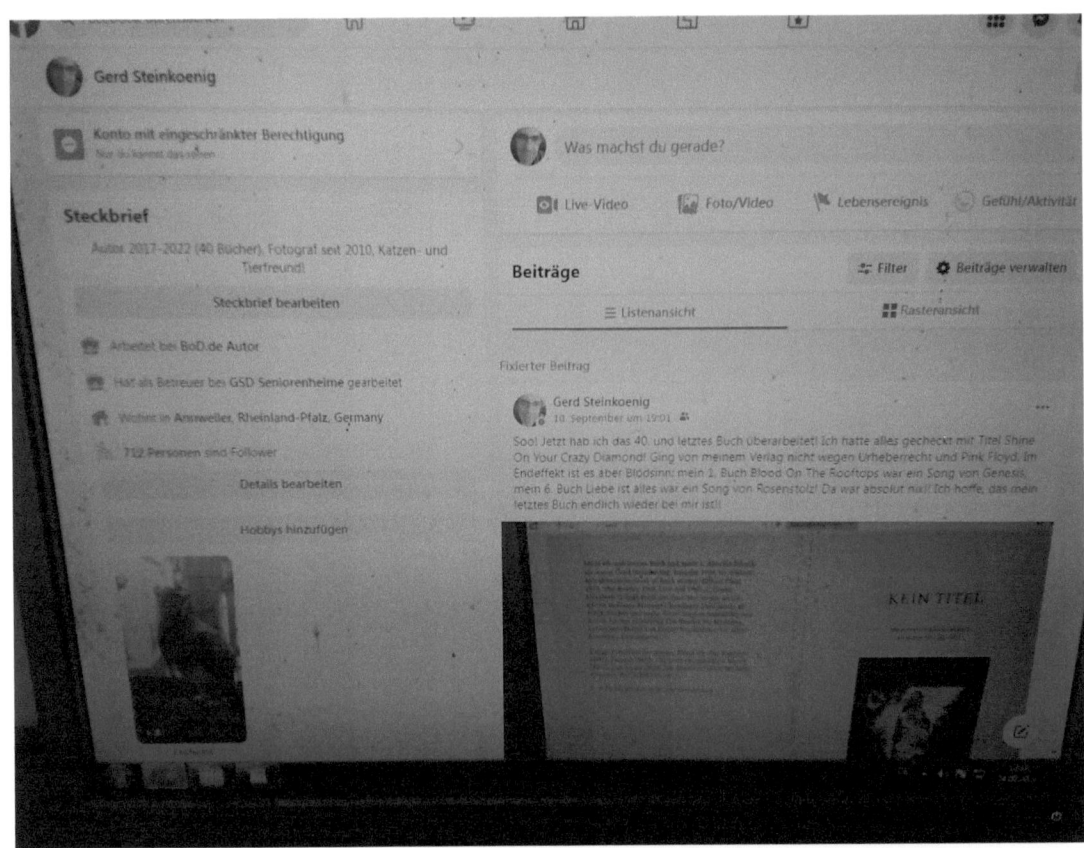

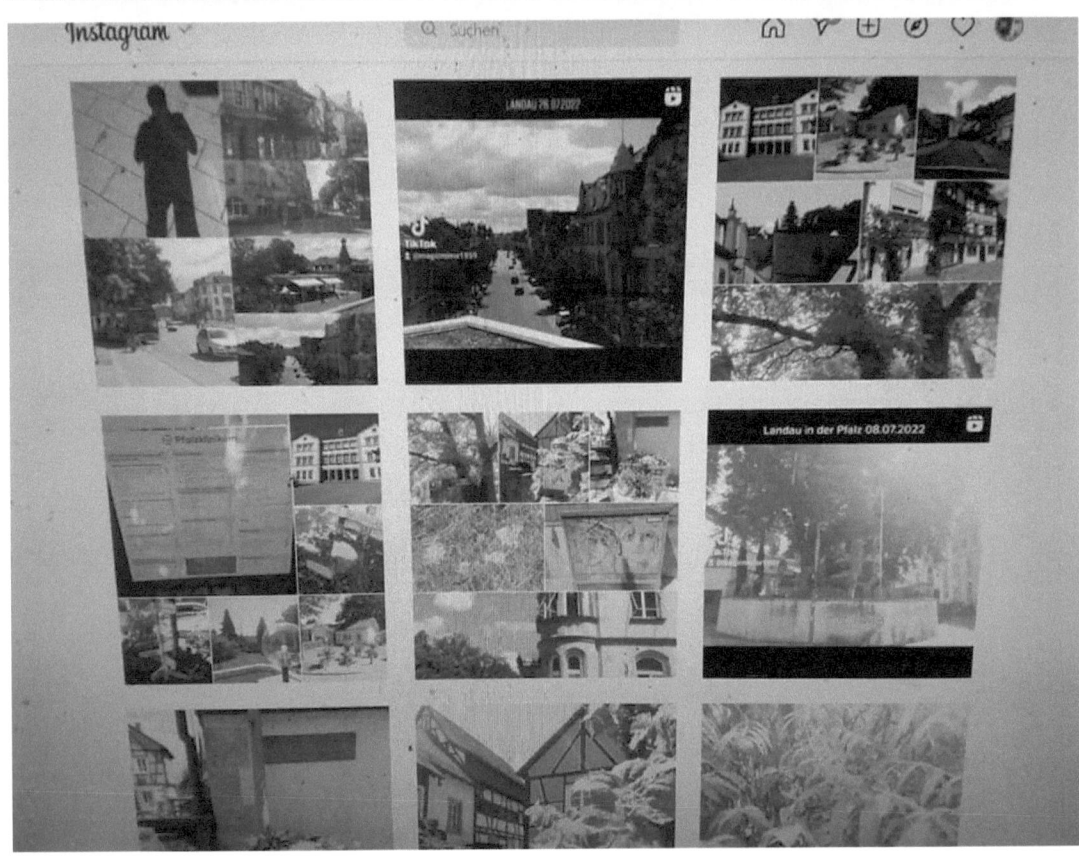

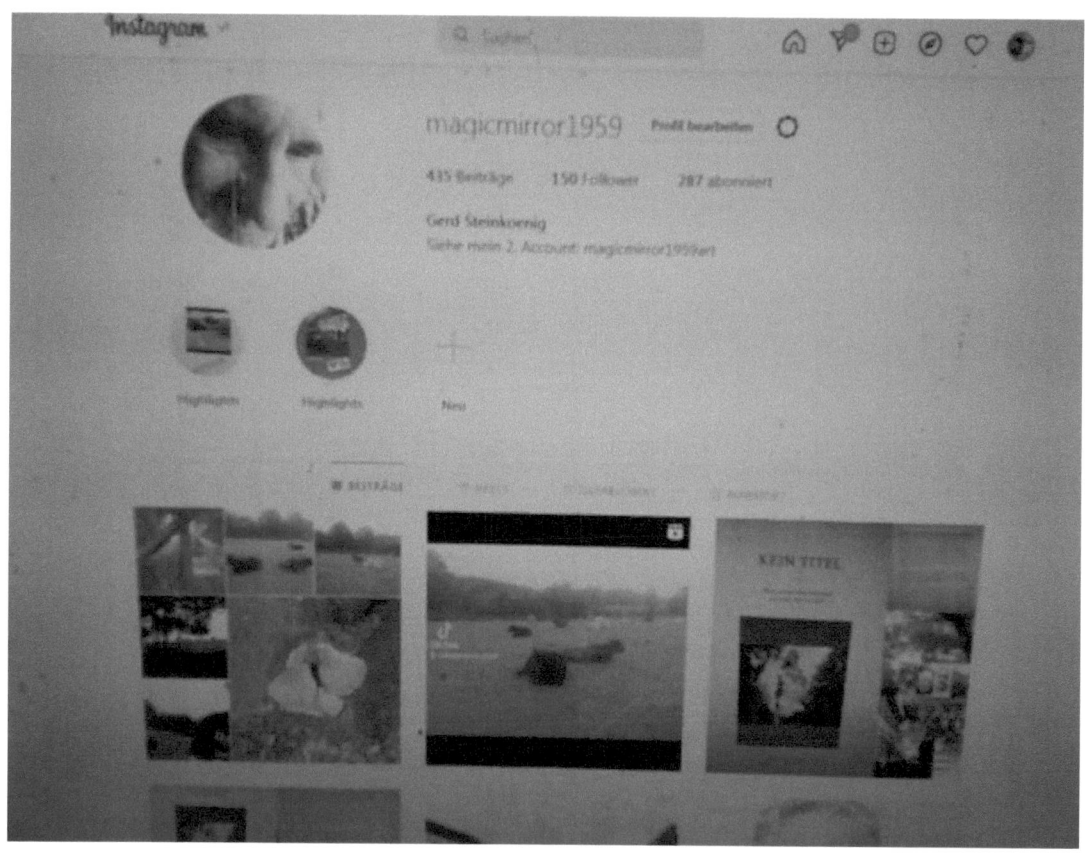

42 - DIE ANTWORT (und mein 42. Buch, was ja eigentlich ein no-isbn war, 2017/2018)

DAS EICHHÖRNCHEN AUS DER DIMENSION war mein 1. Buch nach meinem Schlaganfall. Ich schrieb gleich nach den Kliniken im Dezember 2017. Schon in den Kliniken (vorallem in Alzey) hab ich geschrieben mit Zettelchen in Momentums - auch rumgekrakelt, denn ich hatte ja meine "lahme Hand". Im Buch ist das wörtliche Momentum, z.T. Tag für Tag, wie ich drauf war, meine Unsicherheit bei meinen ersten Wochen/Monate nach den Kliniken. Im Dez. 2017 oder Jan 2018: das war ICH!! Daher wird das "Eichhörnchen" Buch befördert und wird ein "inoffizielles ISBN-Buch". Nachfolgend sind einige Fotos aus diesem Buch. Im Endeffekt ist die Zahl "42" sogar logisch... Nun hab ich MEINE 42 offiziellen Bücher... Nach den Fotos sind Ausschnitte aus der Wikipedia "42 - die Antwort"...

(10.01.18)

Die liebe Frau xxx und ich haben eine Stunde die Zeit vergessen. Heute schwächte ich in meinem Konzentration. SIE hat wieder schöne Worte, Übungen, Statement, immer in DEM Punkt. In Zukunft muss ich regenerieren regenerieren lassen, dies ist der IST- Zustand von meinem Gehirn! Allerdings können Wege auch kurvige Wege sein, z.B. mein zukünftiger Ehrenamt-Job in der Senioren-Tagesstätte (Probejob nächsten Mittwoch über den ganzen Tag! 40 Stunden-Woche kann ich abschminken, dafür eben in 20 Stunden oder 30 Stunden. Ich dachte, in 1 Jahr oder so, dann gehts 40 Stunden, jetzt sind es halt 20 Stunden...Schöner Satz von Frau xxx waren der Glaube mit der universellen Energie, das zweite Leben, find ich gut! Ebenfalls von meiner Logopädin:

Freiheit ist ein anderes Wort dafür

das man nichts zu verlieren hat

("Bobbie McGee" / Janis Joplin)

Frau xxx: Ein langes, neues Leben anfangen!

PS. VERGESSEN NATÜRLICH! Zeitkapsel 2017! Da hätte ich was, lach: Kult!- Krimiserien-Heft und die SD-card mit den 5 Episoden meiner TV-Show SMOKE - das Musikcafe (für OK-KL-TV, 2013/2014)...

(12.01.18)

Im Januar 2017, also genau 1 Jahr zuvor, publizierte das Buch 1 "Blood On The Rooftops"! Ich werkelte die meiste Zeit in diesem Buch (vorausgesetzt nur für dieses Eine). Das Kind im Manne, voller Stolz die Buchstaben gesehen: Woow, das sind MEINE Worte... Und Major Tom, ääh David Bowie, freute sich und entschied sich fürs All den Beach Boys-Song "God Only Knows".... (Klappentext).

Alles ist gut, Tatendrang an den Tag, hie und da Termine die nächste Zeit und für mich NORMAL! So möchte ich auf den Punkt kommen. Ich überlegen, wo ich denke es ist was, dabei ist nix. Vorfreude, wo keine Vorfreude ist. Angst vor der Courage? Oder ich denk an die letzte Vergangenheit, das da wieder was ist? Oder einfach, das was meine Logopädin (Frau xxx :-D) oder auch mein Hausarzt, das man NICHTS denken muss!!! Im Hier und Heute! Was was ich, was in 3 Jahren ist! Momentan wird tagesstruktuiert an jedem Tag, die Entwicklung wird die letzte Zeit besser. Also, was denk ich doch rum? Ca 6 Wochen vorm Klinikum, mehr nicht! Sooo viel gabs Schritt für Schritt, Entwicklung für Entwicklung.Also, keine Gedanken, positiv! Disziplin! Heilung! Gesundheit! NixDenk!

Endlich = Unendlich... Da waren in den Kliniken viele Gedanken, existenziell, philosophisch. Viele, viele Zettel dokumentiert, sollte wohl so sein, denn die Zettel waren verloren gegangen... Mehr Kommunikation bei Ärzte, Pfleger, Psychologe usw. (meistens Frauen) ha mein Hirn Informationen verhindert! Dadurch wären keine existenzielle Phasen gewesen! Kreativität befeuerte für mich positive Theraphie. Mach ich eben Theraphie?? Worte

25

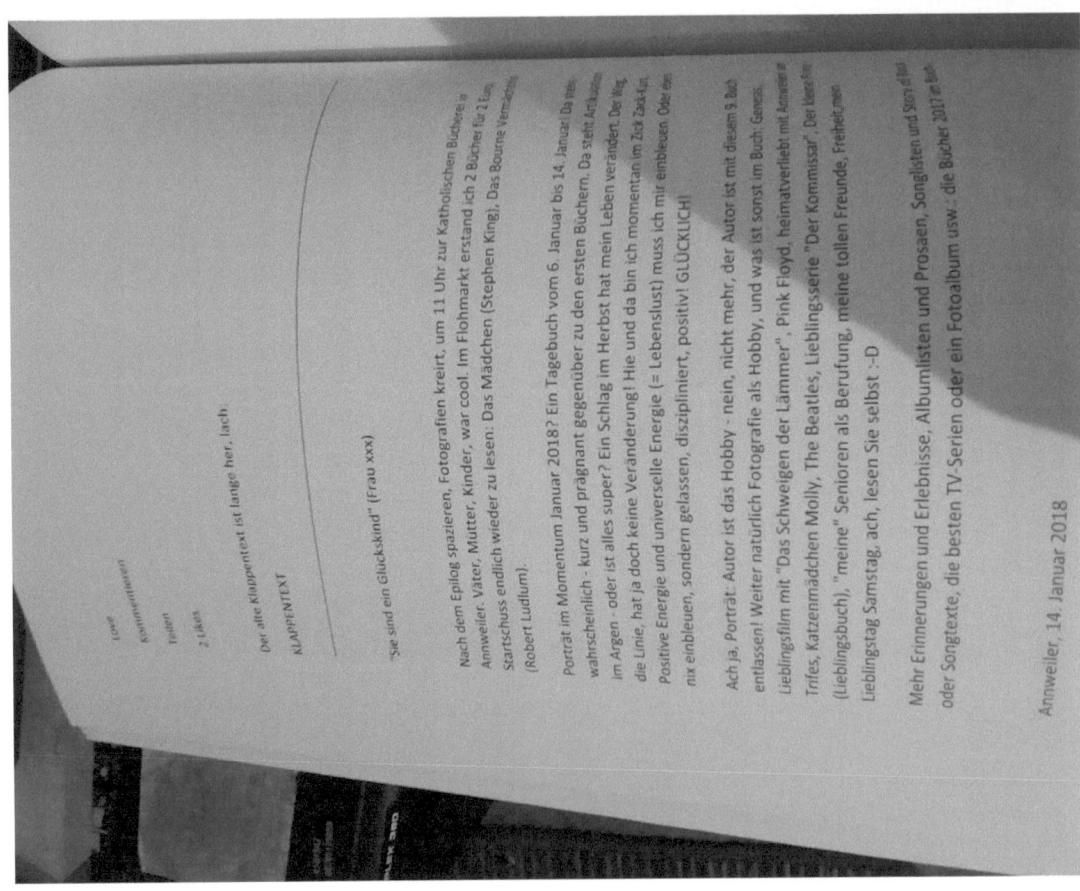

Gord Steinkoenig hat

20 Std. ·

Sinn und Prüfungen des Lebens! Gott ist immer da – weil der Teufel da ist Trump, Putin etc sind Teufel... Für den 3. Weltkrieg! Sinn und Prüfungen des Lebens! WEIL ich im Leben bin, WARUM diese Sinne?! Ist es logisch, durch die spirituelle Erfahrung mit meinem Vater? Ist es logisch wegen der Krankheiten, als Prüfungsbreak, wegen schlechterem Körper/Leben/Seele/Geist? Weil ich jetzt positive Energie und spirituelle Energie besitze? Durch neuen Tagesstrukturen, altes Hobby nun Neuem umgewandelt? Früher nie gemacht, ach das mach ich morgen, jetzt mach ich!!?? Durch Krankheiten hab ich Gesundheit, durch positive und gute Seele, Körper, Geist, Leben! Die nächsten 20 oder 30 Jahre alles geben: neue Menschen durch mich inspirieren – durch meine Lebenserfahrungen/Gedanken oder auch "nur" Musik oder Zeitgeister durch 'Zeitensammlung.... Mein Leben darf voller Demut SINN und LIEBE und PRÜFUNG bestehen (egal, wegen dem und dem "dummen" Menschen). In 20 oder 30 Jahren will ich gerne mein Leben lächelnd voller guter Lebenssinne erinnern (trotz Krankheiten).

Lewe
Kommentieren
Teilen
2 Likes

Der alte Klappentext ist lange her. lach.

KLAPPENTEXT
_____

"Sie sind ein Glückskind" (Frau xxx)

Nach dem Epilog spazieren, Fotografien kreirt, um 11 Uhr zur Katholischen Bücherei in Annweiler. Vater, Mutter, Kinder, war cool. Im Flohmarkt erstand ich 2 Bücher für 1 Euro, schließlich endlich wieder zu lesen: Das Mädchen (Stephen King), Das Bourne Vermächtnis (Robert Ludlum).

Porträt im Momentum Januar 2018? Ein Tagebuch vom 6. Januar bis 14. Januar Da gelesen wahrscheinlich - kurz und prägnant gegenüber zu den ersten Büchern. Da steht Aktualität im Argen - oder ist alles super? Ein Schlag im Herbst hat mein Leben verändert. Der Weg, die Linie, hat ja doch keine Veränderung! Hie und da bin ich momentan im Zick Zack lol. Positive Energie und universelle Energie (= Lebenslust) muss ich mir einbleuen. Oder ein nix einbleuen, sondern gelassen, diszipliniert, positiv! GLÜCKLICH!

Ach ja, Porträt-Autor ist das Hobby - nein, nicht mehr, der Autor ist mit diesem Buch entlassen! Weiter natürlich Fotografie als Hobby, und was ist sonst im Buch: Generik, Lieblingsfilm mit "Das Schweigen der Lämmer", Pink Floyd, heimatverliebt mit Annweiler, Trifels, Katzenmädchen Molly, The Beatles, Lieblingsserie "Der Kommissar", Der kleine Nic (Lieblingsbuch), "meine" Senioren als Berufung, meine tollen Freunde, Freiheit, mein Lieblingstag Samstag, ach, lesen Sie sich selbst :-D

Mehr Erinnerungen und Erlebnisse, Albumlisten und Prosaen, Songlisten und Story (!!o!) oder Songtexte, die besten TV-Serien oder ein Fotoalbum usw.: die Bücher 2017 et Buch

Annweiler, 14. Januar 2018

1/2 10, Sonntagmorgen, kurz vor dem Frühstück, hatte doch den Schnee gesehen. so ist das in Annweiler :-D Sonne, blauer Himmel und Schnee in Bergspitzen. Eine schöne, rothaarige Frau mit Hunden durfte mit mir unterhalten - weil doch der Schneeberge.... Dann Frühstück, bisschen Welt am Sonntag, dann natürlich endlich Sonne, Fotosafari durchs Dorfpanorama, dann schmökern bei der Kath. Bücherei (immer sonntags von 11 - 12). Dann Eclipsed gelesen, facebook guten Freunden kennengenernt, danach duschen und danach Seniorenheim besuchen. Was man doch alles mit Ablenkung macht, lach.... Aber im Ernst: früher hätte ich diesen geilen Morgen nicht gehabt: Bierchen oder so und dann bis 12 oder so im Bettchen. Ist doch super: kein Alkohol, kein Rauch und den Sonntagmorgen genießen :-D <3

LEBENSSONNE

Raus! Sauerstoff! Luft! Blauer Himmel und Sonnenschein... Ich blinzele in die Sonne und vom gelben Lebenssaft pulsiert voller Leben!

Ich beobachte in die Fensternacht, verbreiten Häuser und Lichter, und da, wow! Sterne! Ich habe die Sternen gesehen! Wieder kennenlernen im neuen Leben... Wie ein Kind äuge ich voller Neugierde die Milchstraße...

Freiheit ist ein sensibler Begriff. Nicht nur bla bla von Politik und Freiheit... In der innerer

9

Bei meiner ersten Klinik in Landau (Schlagafall) hatte eine Abteilung und hieß: 42!!!!

Und nun nur ein bisschen Wiki-Ausschnitt über die "Antwort 42":

Die Rechnung „neun multipliziert mit sechs" würde in einem 13er-Stellenwertsystem 42 ergeben (Zahlen ohne Index sind im Dezimalsystem notiert): {\displaystyle 9\cdot 6=54=52+2=4\cdot 13^{1}+2\cdot 13^{0}=42_{13}}{\displaystyle 9\cdot 6=54=52+2=4\cdot 13^{1}+2\cdot 13^{0}=42_{13}}

„42" bildet in binärer Schreibweise ein auffallend regelmäßiges Muster (Zahlen ohne Index sind im Dezimalsystem notiert):

{\displaystyle 101010_{2}=1\cdot 2^{5}+0\cdot 2^{4}+1\cdot 2^{3}+0\cdot 2^{2}+1\cdot 2^{1}+0\cdot 2^{0}=32+0+8+0+2+0=42}101010_{{2}}=1\cdot 2^{5}+0\cdot 2^{4}+1\cdot 2^{3}+0\cdot 2^{2}+1\cdot 2^{1}+0\cdot 2^{0}=32+0+8+0+2+0=42

42 ist der dezimale ASCII-Code des Sternchens, das in vielen Skriptsprachen als universeller Platzhalter dient („passt auf alles")

In der Softwareentwicklung wird die Zahl 42 – ähnlich wie 0815 und 4711 – häufig von Programmierern als magische Zahl verwendet, also als fester Zahlenwert, dem jeder ansehen kann, dass er keinen tieferen Sinn hat, sondern nur ein Beispiel für einen beliebigen Wert ist.

Auch Google beantwortet diese fiktive Frage ihrem Ursprung nach korrekt. Gibt man in das Suchfeld the answer to life, the universe and everything ein, so erhält man als Ergebnis des Google-Taschenrechners the answer to life, the universe and everything = 42.[3] Gleiches gilt für den Internetdienst WolframAlpha.[4]

Die britische Musikgruppe Level 42 bezog sich bei der Namensgebung ebenfalls auf die im Roman genannte Zahl.

Der Name der IT-Schule 42 ist eine Hommage an „Per Anhalter durch die Galaxis".

Die erste eigenständige, auf Basis von Jurix entwickelte Version der Linux-Distribution der SUSE Linux GmbH wurde im Mai 1996 unter dem Namen S.u.S.E. Linux mit der Versionsnummer 4.2 veröffentlicht. Die Versionsnummer ergab sich nach langer Diskussion:

da man die Versionsnummer 1.1 ablehnte, lehnte man die Nummer lieber an die Zahl 42, die Antwort auf die „Frage aller Fragen" aus Douglas Adams' Roman Per Anhalter durch die Galaxis, an.

Der Autor Douglas Adams wischte 1993 in einem Usenet-Beitrag solche Spekulationen beiseite. Auf die Frage, warum die Antwort gerade „42" sei, schrieb er:

"The answer to this is very simple. It was a joke. It had to be a number, an ordinary, smallish number, and I chose that one. Binary representations, base thirteen, Tibetan monks are all complete nonsense. I sat at my desk, stared into the garden and thought '42 will do'. I typed it out. End of story."

„Die Antwort ist ganz einfach. Es war ein Scherz. Es musste eine Zahl sein, eine ganz gewöhnliche, eher kleine Zahl, und ich nahm diese. Binäre Darstellungen, Basis 13, tibetische Mönche, das ist totaler Unsinn. Ich saß an meinem Schreibtisch, starrte in den Garten hinaus und dachte: ‚42 passt'. Ich tippte es hin. Das ist alles."[2]